캣님의

꽃과 소녀
리본 자수

캣님의

꽃과 소녀 리본 자수

1판 1쇄 펴냄 2019년 2월 28일

지은이 이성아
펴낸이 정현순
편집 박세란
디자인 김보라
사진 이성아, 임소영

펴낸곳 ㈜북핀
등록 제2016-000041호(2016. 6. 3)
주소 서울시 광진구 천호대로 572, 5층 505호
전화 070-4242-0525 / 팩스 02-6969-9737

ISBN 979-11-87616-57-3 13630
값 15,800원

캣님의

꽃과 소녀 리본 자수

이성아 지음

북핀

Prologue

"어머, 꽃이 활짝 피었어요~!!"
리본 자수 수업을 함께하시는 수강생분의 기쁨에 찬 목소리를 들으면
저도 같이 기분이 좋아집니다.

실로 수놓는 자수가 한 땀 한 땀 수를 놓아 꽃잎을 채워가는 느낌이라면
실크 리본으로 수놓는 리본 자수는
어느 순간 손끝에서 꽃이 활짝 피어오르는 느낌이랄까요.
그 순간이 제게는 마치 마법처럼 느껴졌습니다.

원하는 꽃잎의 색을 만들기 위해 실크 리본을 염색하다 보면
꽃잎을 만드는 요정이라도 된 듯한 기분이 들기도 합니다.

예쁘고 고운 것을 손으로 만지고 그것이 생활에 쓰임이 되도록 하는 일은
삶을 풍요롭고 아름답게 해주는 근사한 일인 듯싶어요.

손끝에서
꽃이 피어나고,
나비가 날아다니는 기쁨을
많은 분들이 함께 나눌 수 있기를 바랍니다.

저자 이성아

책의 구성

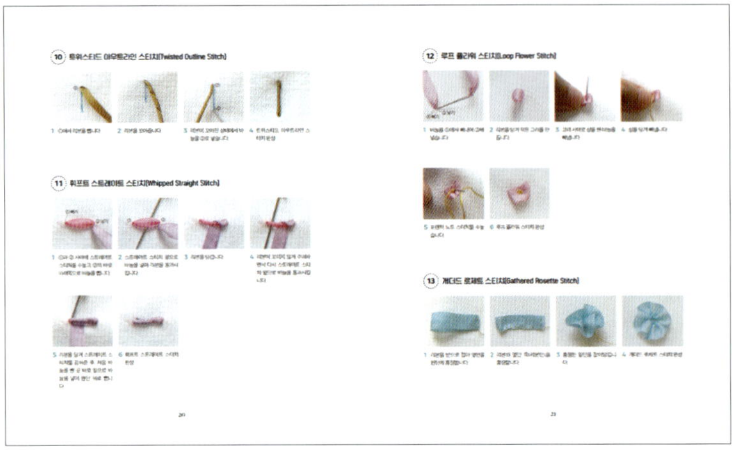

● 다양하고 자세한 스티치 기법 소개

27개의 리본 자수 스티치와 20개의 프랑스 자수 스티치 기법을 상세한 사진과 함께 설명합니다.

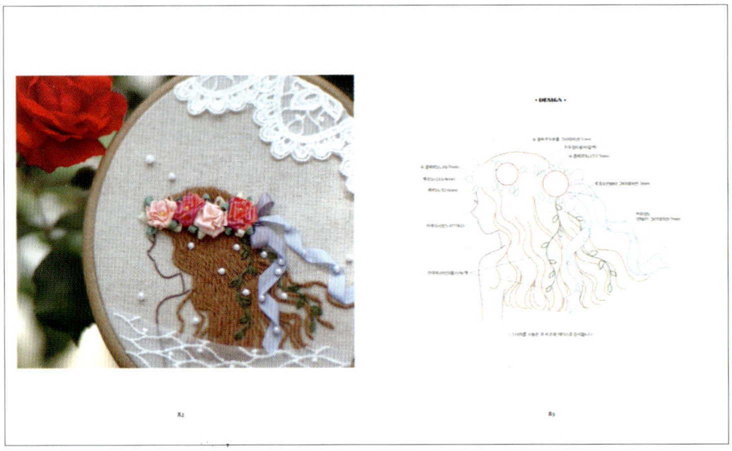

● 선명한 스티치와 컬러 도안 제공

스티치된 모습을 뚜렷하게 볼 수 있도록 선명한 평면 사진을 제공하고, 실의 배색 상태를 한 눈에 볼 수 있도록 컬러 도안을 실었습니다.

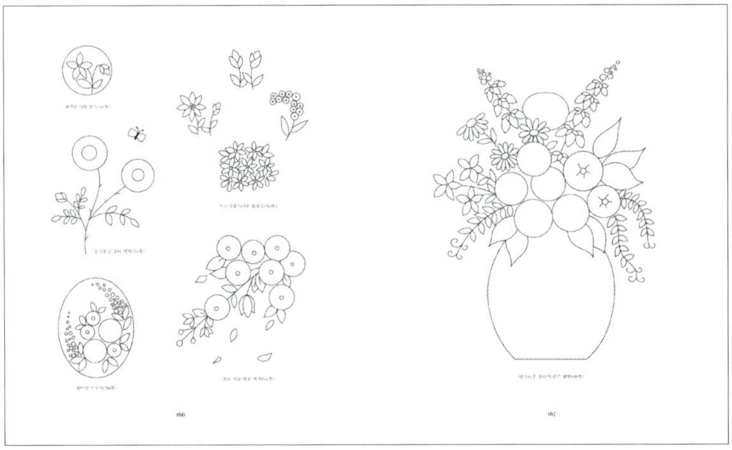

● 검정 도안 별도 제공

쉽게 옮겨 그릴 수 있도록 검정색 도안을 책 뒤쪽에 모아 제공합니다. 도안을 옮겨 그릴 때는 이 도안을 사용하면 편리합니다.

● 도안 보는 법

dmc 3347번 실 2가닥을 꿰고, 감는 횟수를
2번으로 하여 프렌치 노트 스티치 수놓기

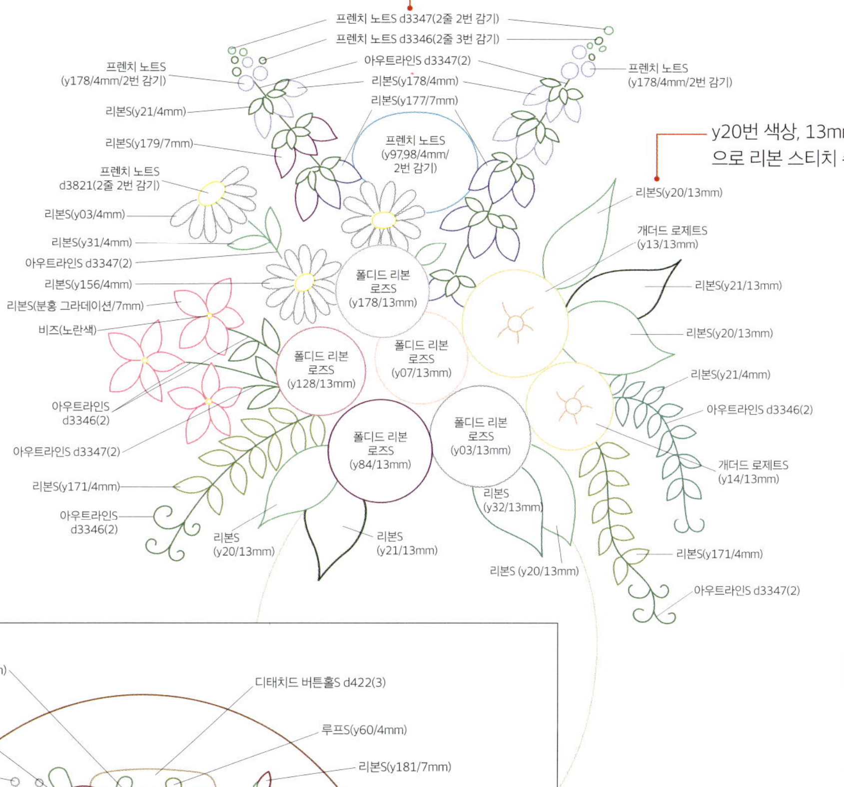

y20번 색상, 13mm 폭의 리본
으로 리본 스티치 수놓기

화병 아플리케 하는 방법

원단에 꽃병 모양을 그린 후
시접을 0.5cm로 주고 가위로 자른 후,
공그르기로 바탕 원단에 고정합니다.

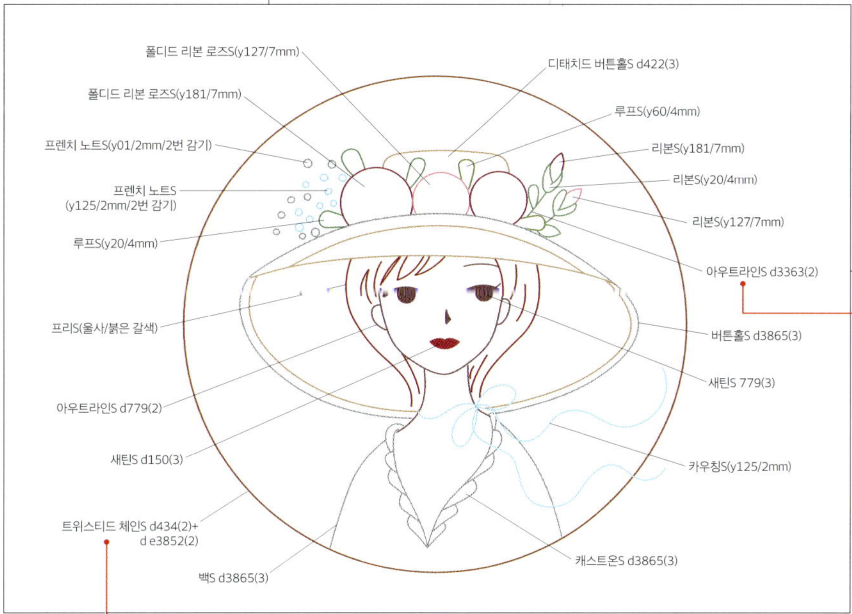

dmc 3363번의 실 2가닥을 꿰고
아우트라인 스티치 수놓기

dmc 434번 실 2가닥과 dmc 메탈릭 이펙트사 385번 2가닥을
함께 꿰어 트위스티드 체인 스티치 수놓기

* 도안 표기법
리본 자수 - 스티치 이름 (실 색상/리본 폭)
프랑스 자수 - 스티치 이름 실 색상(실 가닥 수)

Contents

01 × 예쁜 꽃 리본 자수

02 × 사랑스러운 꽃과 소녀 자수

03 × 리본 자수 샘플러

①
②
PATCHWORK RULER
③
④
⑤
⑥
⑦
RIBBON EMBROIDERY
Clover
57-082
リボン刺しゅう
ステッチ針
太タイプセット
No.18・20（シェニール針）
⑧
Clover
57-007
No. 7
⑨
FTC
40
⑩
⑪
⑫
Silk Ribbon
MOKUBA
EMBROIDERY RIBBON
¥200+税
No.1540-3.5mm
374
Made in Japan
⑬
3716
3819

리본 자수의 **도구와 재료**

① 자수틀
자수틀은 수놓을 원단을 팽팽하게 잡아주는 역할을 합니다. 수틀의 크기는 수놓을 원단의 크기에 따라 선택합니다.

② 시접자
원단의 사이즈를 잴 때와 시접선을 그을 때 사용합니다.

③ 시침핀
주로 원단과 원단을 잠시 고정할 때 사용합니다.

④ 수성펜
원단에 도안을 옮길 때 사용합니다. 자수를 완성한 후에는 물을 이용해 펜 자국을 지워주세요.

⑤ 트레이서(철필)
도안을 초크페이퍼로 옮길 때 사용합니다. 볼펜을 사용하셔도 좋습니다.

⑥ 자수용 가위
실크 리본과 자수실을 자를 때 사용합니다. 원단을 자르는 용도의 가위도 함께 준비해 주세요.

⑦ 리본 자수 바늘
리본 자수용 바늘은 프랑스 자수 바늘보다 귀가 크고, 숫자가 작을수록 크기가 커집니다. 리본이 접히지 않도록 리본의 폭보다 바늘귀가 넓은 바늘을 사용해주세요.

⑧ 자수 바늘
자수 바늘은 일반 바늘보다 바늘귀가 크고 십자수용 바늘보다 끝이 뾰족합니다. 자수실의 굵기나 가닥 수에 따라 선택하여 사용합니다.

⑨ 재봉실
일반적으로 시중에서 사용하는 면사를 사용합니다. 원단 색이나 실크 리본 색에 맞추어 색상을 준비합니다.

⑩ 원단
리본 자수는 다양한 원단에 수를 놓습니다. 다만 너무 얇아서 스티치를 지탱할 힘이 없는 원단은 피하도록 하고, 원단을 통과해도 리본이 상하지 않도록 짜임이 성긴 원단을 사용합니다.

⑪ 초크페이퍼
초크가 한 면에 묻어 있어 도안을 옮길 때 사용합니다. 원단에 옮겨진 도안선은 물을 묻히면 지워집니다.

⑫ 실크 리본
실크 리본의 종류는 폭, 색상 등이 다양하므로, 도안과 디자인 그리고 원단에 따라 선택합니다.

⑬ 자수실
자수실은 다양한 종류가 있습니다. 이 책에서는 주로 DMC25번 면사를 사용하였고, 일부 작품에는 DMC 메탈릭 이펙트사를 사용하였습니다.

①
4mm 068
7mm 022
②
No.1540–3.5mm
No.1540–3.5mm
No.1540–3.5mm
③
No.1542
④

리본의 **종류**

① 실크 리본

실크 리본은 질감이 부드럽고 유연하며, 섬세하고 정교한 자수를 놓을 수 있습니다. 다양한 넓이의 실크 리본이 있으나, 이 책에서는 주로 2mm, 4mm, 7mm, 13mm의 실크 리본을 사용하였습니다.

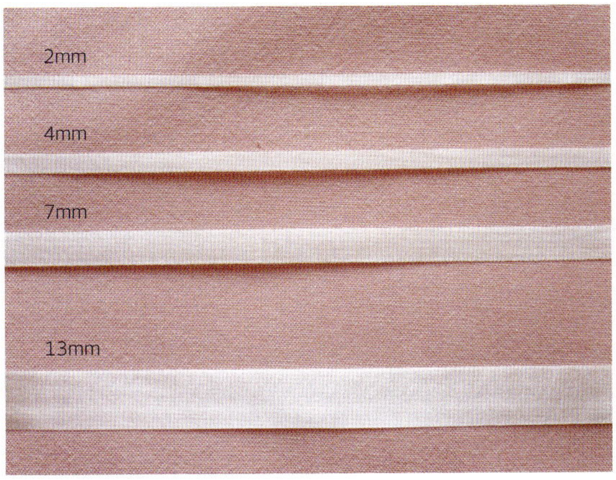

염색하여 사용하기

염색용 리본을 실크 전용 염료나 물감, 패브릭 마카 등으로 원하는 색상을 염색하여 사용할 수 있습니다. 예를 들어 YLI 실크 리본 중 2mm 리본은 현재 국내에 수입이 되지 않고 있습니다. 책에 수록된 작품에 2mm 리본이 사용된 자수는 폭이 좁기 때문에 자수사로 대체해서 수를 놓아주셔도 됩니다. 혹은 염색용 실크 리본에 직접 염색하여 사용하거나, 염색해서 판매하는 사이트에서 구매해서 사용해주세요.

② 일본 모쿠바 사의 리본 자수실

실크 리본에 비해 쉽게 주름이 지지 않고, 단단한 편이어서 입문자들에게 접근이 용이합니다. 단색의 리본 자수실은 아크릴 100%로 이루어져 있습니다.

③ 일본 모쿠바 사의 그라데이션 리본 자수실

아즐론 100%로 이루어진 리본 자수실입니다. 이 책에서는 3.5mm 폭의 리본 자수실을 사용하였습니다.

④ 워플리스 리본

올이 풀린 것처럼 짜임새가 빠져있는 리본을 말합니다.

※ 도안의 자수실/리본 표기법

리본 자수실을 표기할 때의 색상 번호는 편의상 YLI 색상표를 기준으로 하였습니다.

- 면사 : d번호(가닥 수) ⓔ 콜로니얼 노트S d498(3)
- 이펙스사 : d e번호(가닥 수) ⓔ 아우트라인S d e321(1)
- 모쿠바 리본 : m번호/리본 폭 ⓔ 리본S(m391/3.5mm)
- 발다니 면사 : 발다니 면사/색상 ⓔ 리프S(발다니 면사/녹색 그라데이션)
- 린넨(울)사 : 린넨(울)사/색상 ⓔ 아우트라인 필링S(울사/밤색)
- 리본 : y번호/리본 폭 ⓔ 리본S(y20/4mm)

리본 자수의
기초

1. 선 세탁하기

대부분의 원단은 세탁을 하게 되면 수축하므로 사용하기 전에 미리 세탁을 해주어야 합니다. 선 세탁 방법은 미온수에 원단이 잠기도록 40분 이상 담가두었다가 물기를 짠 후 그늘에서 말려주는 것입니다.

2. 다림질하기

선 세탁을 마친 원단에 도안을 옮기기 전에 원단을 다려주세요.

3. 도안 옮기기

방법1 원단 위에 자수를 놓고자하는 그림을 수성펜으로 그립니다. 리본 자수에서는 될수록 간단하게 도안의 윤곽선을 그리거나 점을 찍는 정도로만 옮겨주세요.

방법2 원단 위에 먹지와 도안을 올려 시침핀으로 고정한 후, 볼펜이나 철필(트레이서)로 도안선을 표시합니다.

4. 리본 꿰고 매듭짓기

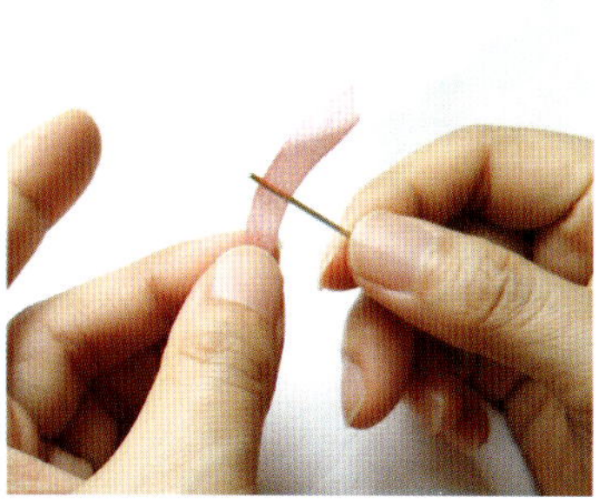

a. 리본을 비스듬히 잘라 바늘에 끼웁니다. 바늘귀가 리본의 넓이보다 넓어야 리본이 접히거나 구겨지지 않습니다.

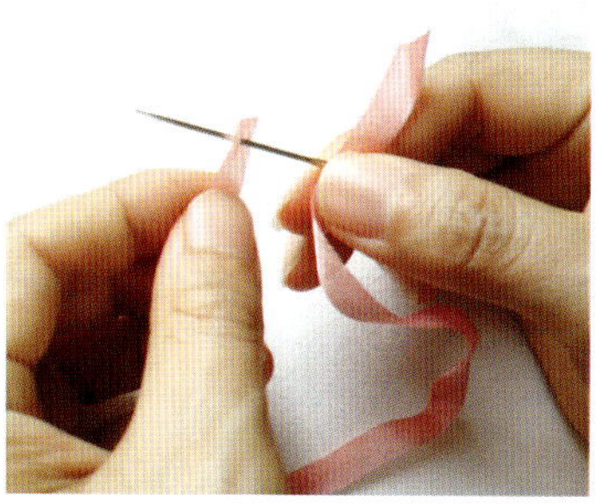

b. 리본 끝에서 약 1.5cm 정도 위치의 중앙에 바늘을 찌릅니다.

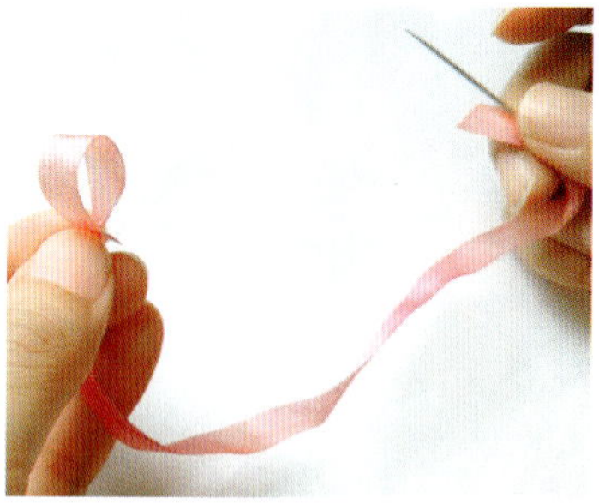

c. 바늘을 당겨 리본을 통과시키고, 계속해서 당겨 리본 끝부분에 고리를 만듭니다.

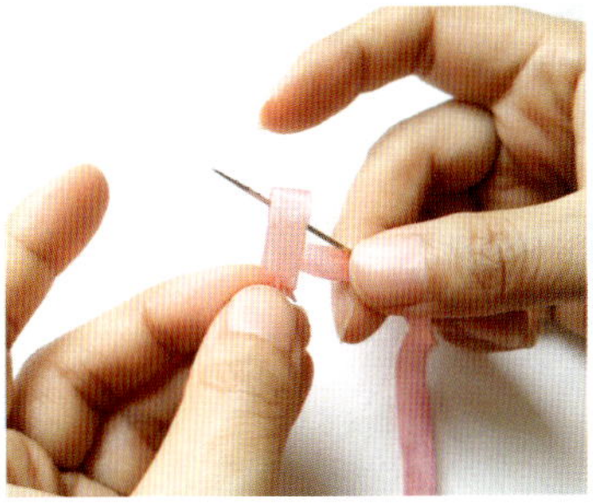

d. 고리 사이로 바늘을 통과시킵니다.

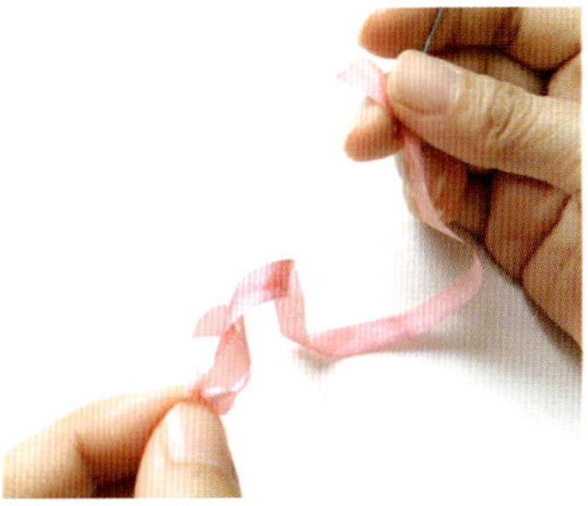

e. 리본 고리를 통과시킨 바늘을 당깁니다.

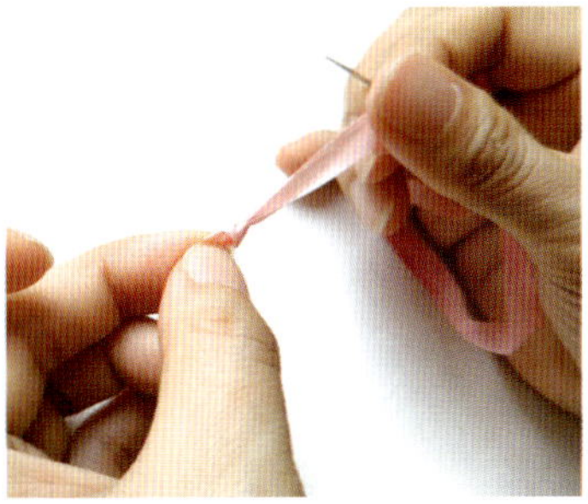

f. 리본을 당겨서 매듭을 만듭니다.

5. 바늘귀에 리본 고정시키기

리본 자수는 리본이 빠지지 않도록 리본을 바늘귀에 고정시킨 후 스티치를 놓습니다.

a. 바늘을 꿴 쪽 리본 끝에서 약 1cm 지점에 바늘을 통과시킵니다.

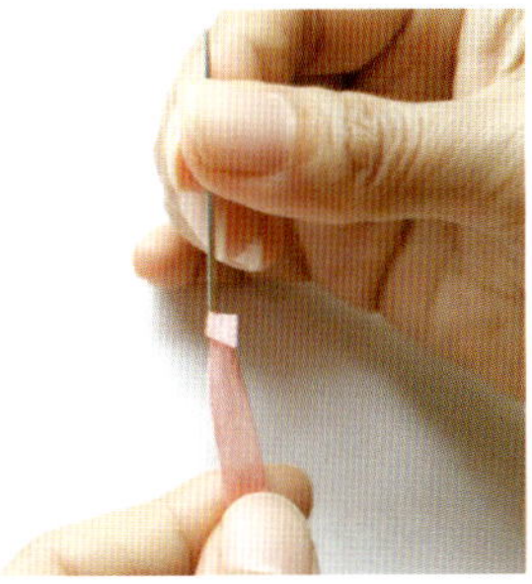

b. 바늘 끝을 잡고 리본을 그대로 당기어 매듭을 만듭니다.

6. 수틀 끼우기

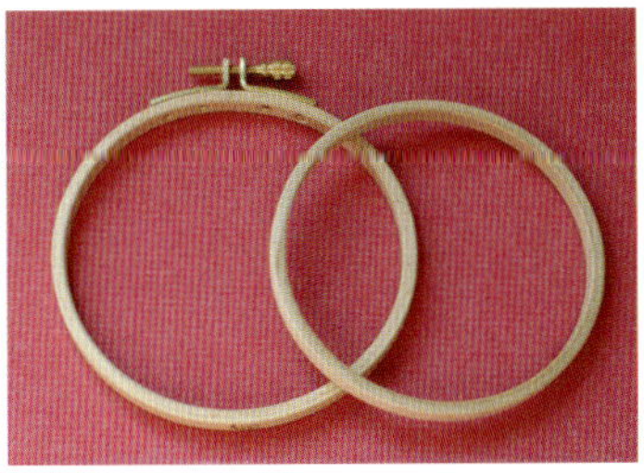

a. 나사를 돌려 수틀을 분리합니다.

b. 나사가 없는 수틀을 아래에 놓고 원단을 올려놓은 후, 나사가 있는 수틀을 원단 위에 놓고 원단이 두 수틀 사이에 끼도록 수틀을 끼워줍니다.

※ 오른손잡이의 경우 12시에서 1시 사이에, 왼손잡이의 경우 11시에서 12시 사이에 나사의 조임 부분이 위치하도록 하면 나사를 조일 때 편리합니다.

c. 원단을 당겨 팽팽하게 만든 후 나사를 조여서 고정합니다. 이제 원단 위에 수를 놓습니다.

리본 자수

스티치 기법

01 스트레이트 스티치(Straight Stitch)

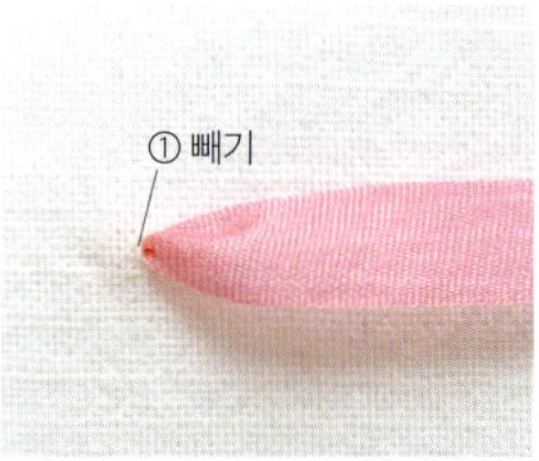

1 ①에서 리본을 뺍니다.

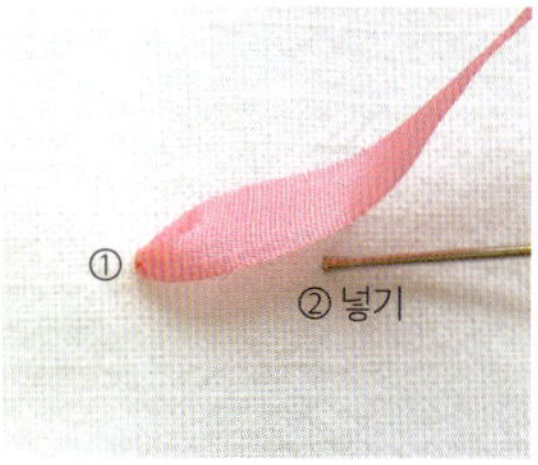

2 ①에서 뺀 리본을 ②에 넣습니다.

3 스트레이트 스티치 완성

02 리본 스티치(Ribbon Stitch)

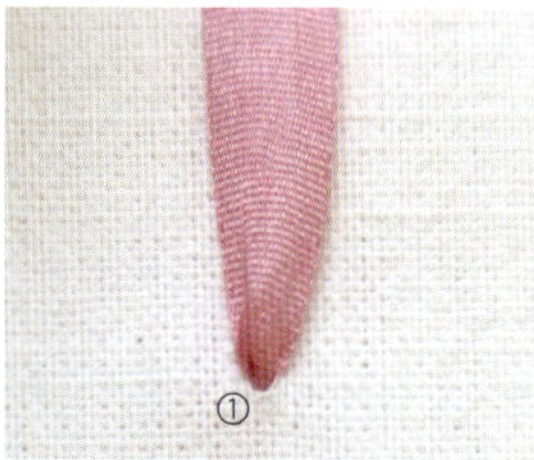

1 ①에서 리본을 뺍니다.

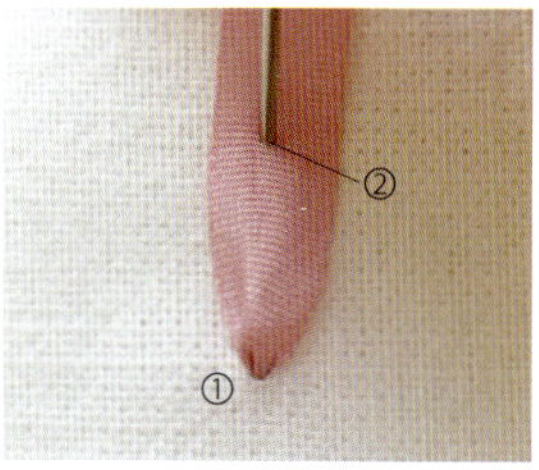

2 바늘을 리본의 가운데 지점인 ②에 찔러 넣습니다.

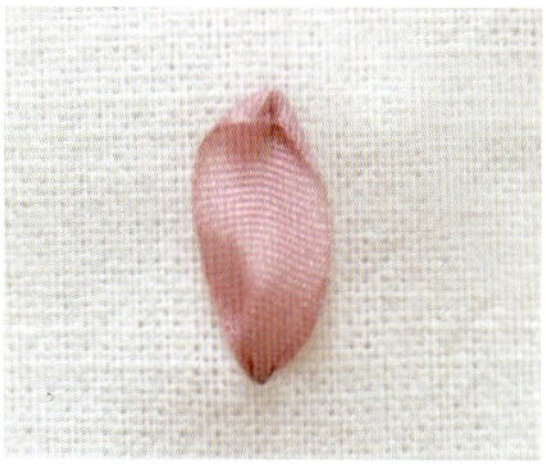

3 리본에 꽂은 바늘을 리본의 테두리가 말릴 때까지 당깁니다.

03 트위스티드 리본 스티치(Twisted Ribbon Stitch)

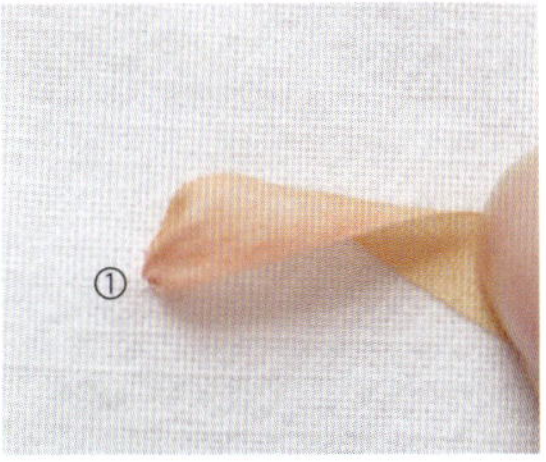

1 ①에서 바늘을 빼내고 리본을 살짝 비틀어 줍니다.

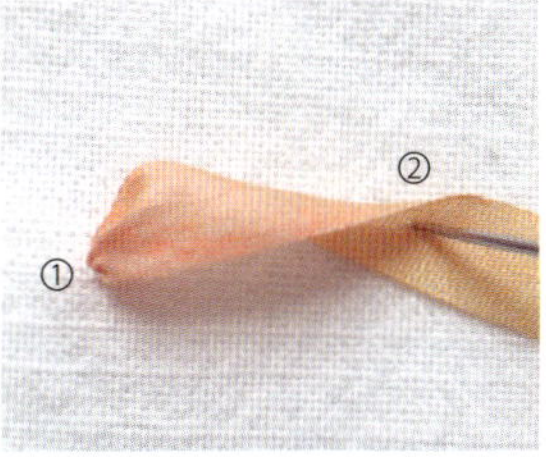

2 바늘을 살짝 비틀어진 리본 뒷면(②)에 꽂습니다.

3 바늘을 당겨 뺍니다.

04 루프 스티치(Loop Stitch)

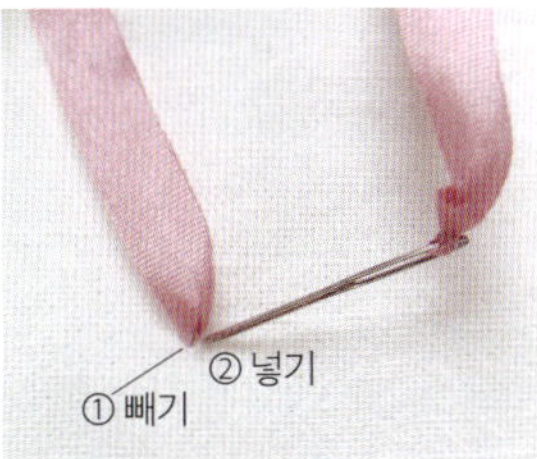

1 ①에서 리본을 뺀 후 바로 옆 ②에 바늘을 넣습니다.

2 리본을 당겨서 생긴 고리 안으로 둥근 막대기를 넣은 다음, 리본을 살짝 당겨 원하는 크기의 고리를 만듭니다.

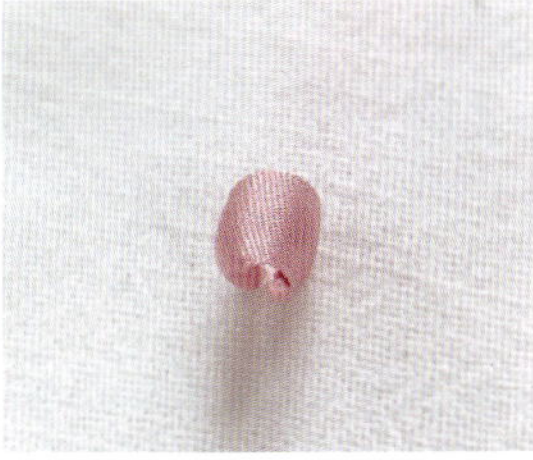

3 막대기를 빼내고 루프 스티치 완성

05 프렌치 노트 스티치(French Knot Stitch)

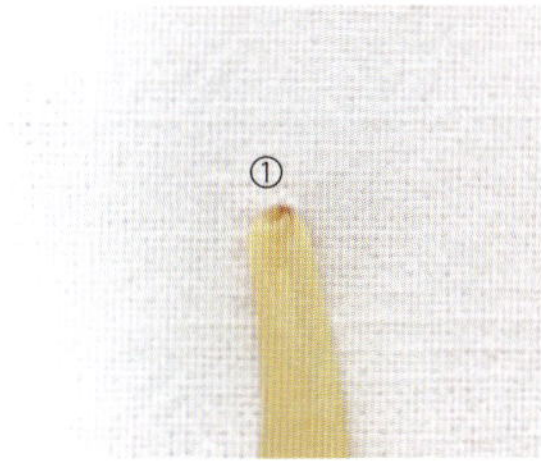

1 ①에서 바늘을 빼서 리본을 당깁니다.

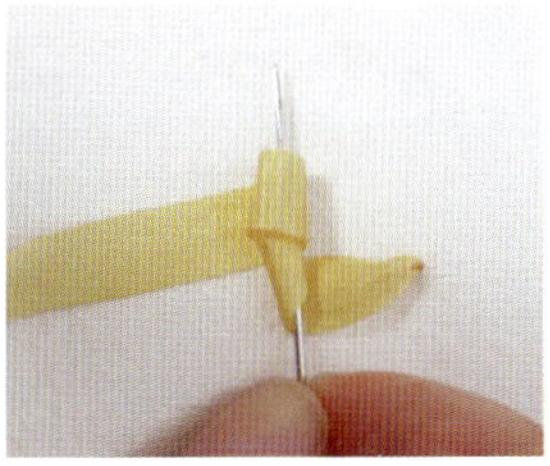

2 바늘에 리본을 2번 감습니다.

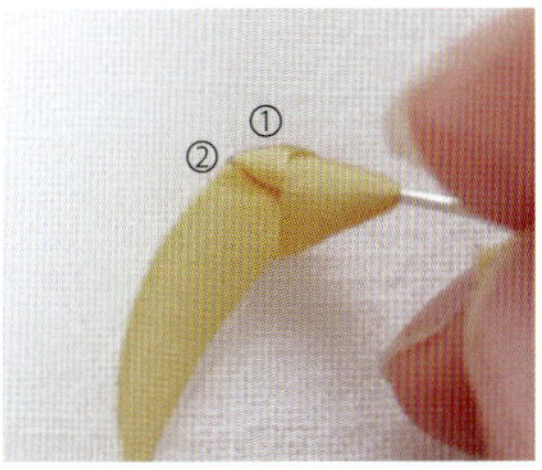

3 바늘을 ①의 바로 옆 ②로 넣고 왼손으로 리본을 당기며 바늘을 원단 뒤로 뺍니다.

4 프렌치 노트 스티치 완성

06 레이지 데이지 스티치(Lazy Daisy Stitch)

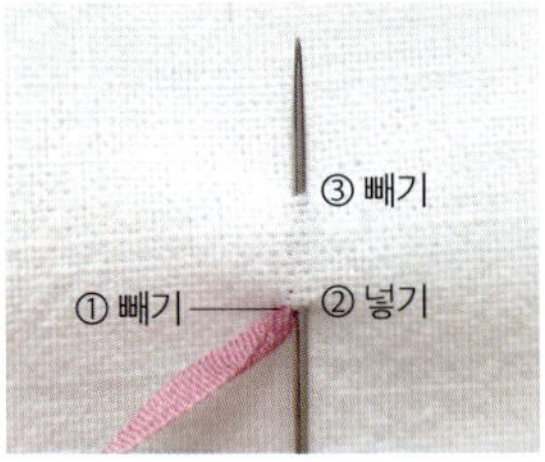

1 ①에서 리본을 뺀 후, ②에 바늘을 넣고 ③에서 바늘 끝을 뺍니다.

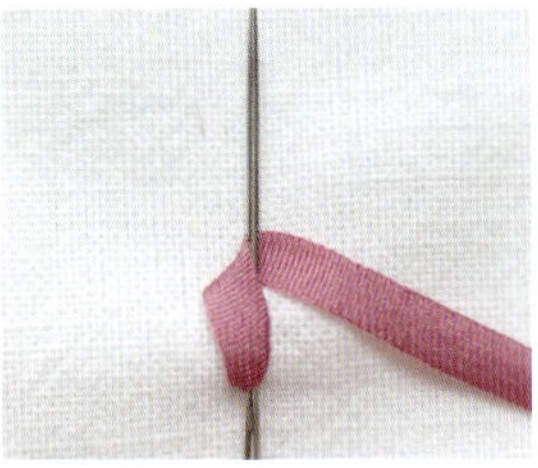

2 바늘을 리본으로 감싸서 고리를 만듭니다.

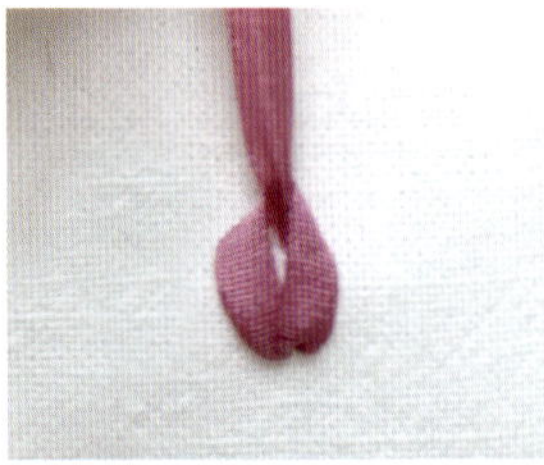

3 고리가 원하는 모양이 될 때까지 리본을 당깁니다.

4 바늘을 고리 뒤로 찔러 고정합니다.

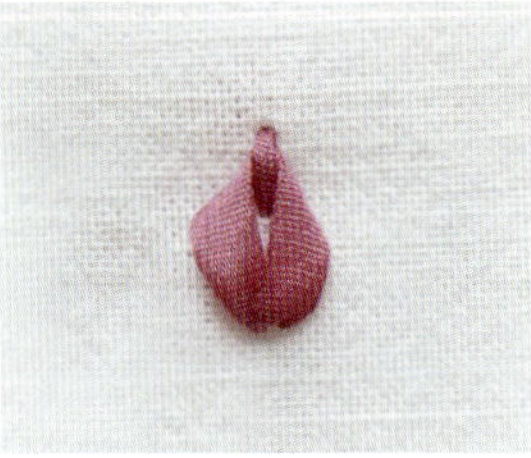

5 레이지 데이지 스티치 완성

07 오픈 레이지 데이지 스티치(Open Lazy Daisy Stitch)

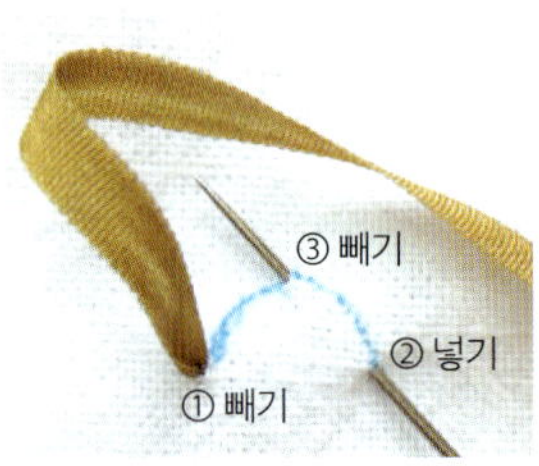

1 ①에서 바늘을 빼어 ②에 넣고 ③에서 다시 뺍니다.

2 리본을 뺄 때는 곡선 도안에 맞도록 힘을 조절하며 뺍니다.

3 바늘을 원단 뒤로 다시 넣어서 리본을 고정합니다.

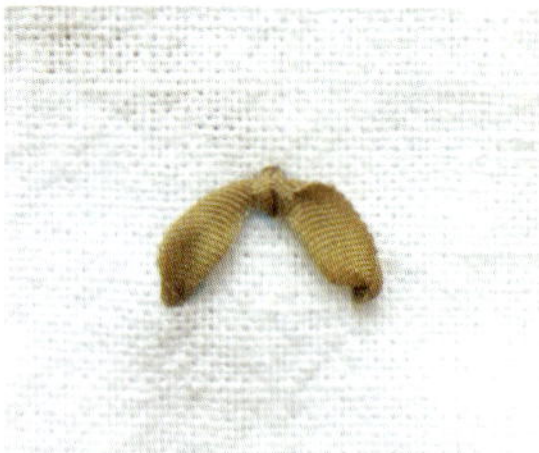

4 오픈 레이지 데이지 스티치 완성

08 콜로니얼 노트 스티치(Colonial Knot Stitch)

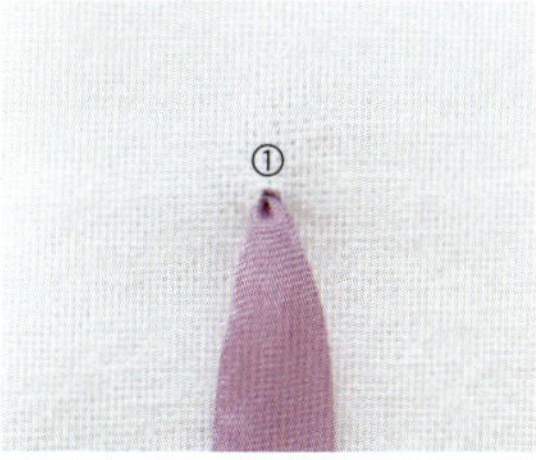

1 ①에서 바늘을 빼냅니다.

2 바늘에 리본을 감습니다.

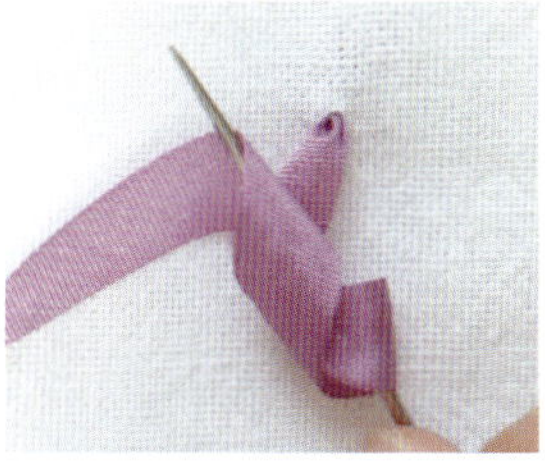

3 사진처럼 8자 모양으로 리본을 휘감습니다.

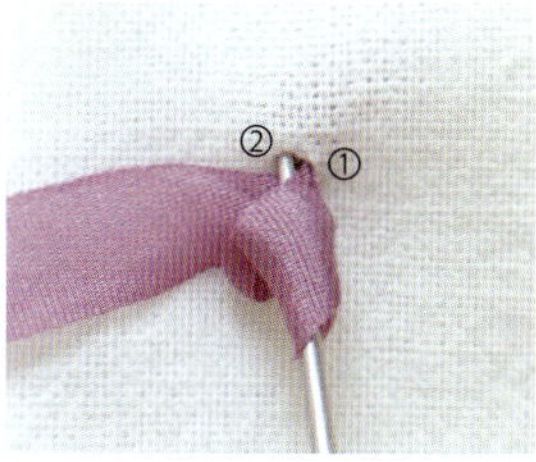

4 ①의 바로 옆에 바늘을 넣어 원단 뒤로 뺍니다.

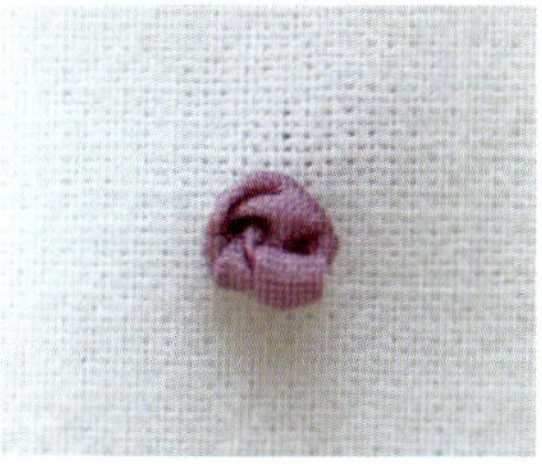

5 콜로니얼 노트 스티치 완성

09 스플리트 스티치(Split Stitch)

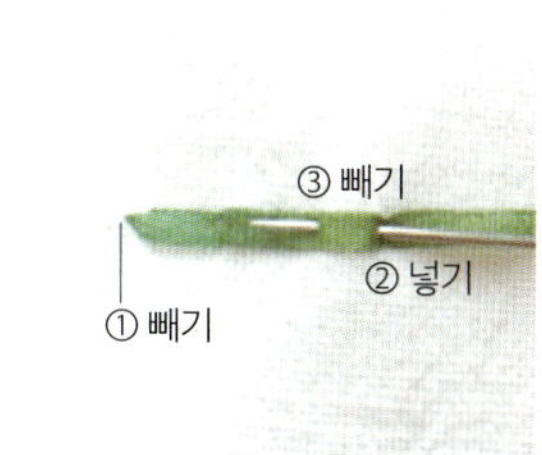

1 ①에서 바늘을 빼내어 리본 위 ②로 바늘을 넣고 ③으로 뺍니다.

2 리본 위에서 1번 과정을 반복합니다.

3 바늘을 리본 위에 찔러 넣어 원단 뒤로 빼서 마무리합니다.

4 스플리트 스티치 완성

10 트위스티드 아웃트라인 스티치(Twisted Outline Stitch)

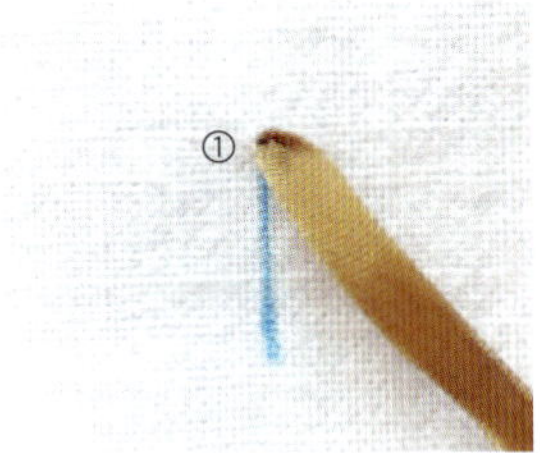

1 ①에서 리본을 뺍니다.

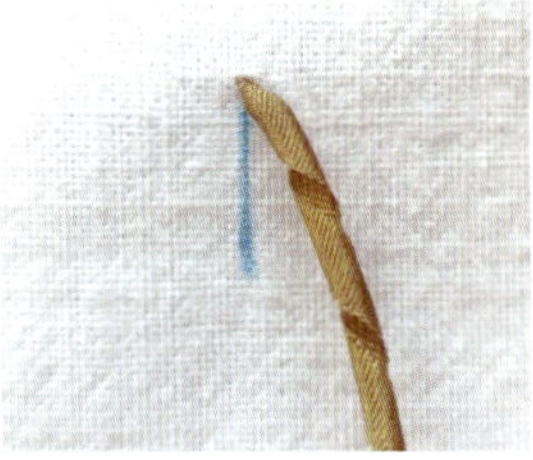

2 리본을 꼬아줍니다.

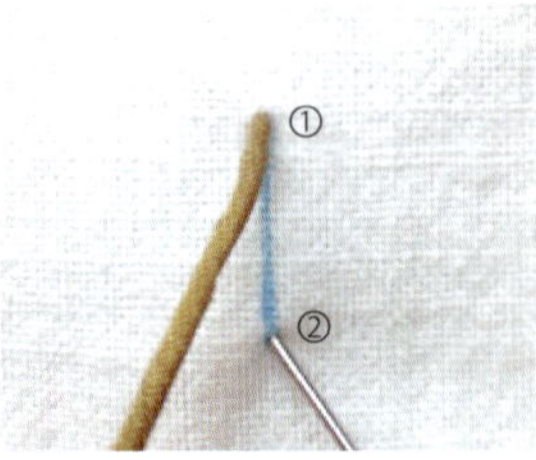

3 리본이 꼬아진 상태에서 바늘을 ②로 넣습니다.

4 트위스티드 아웃트라인 스티치 완성

11 휘프트 스트레이트 스티치(Whipped Straight Stitch)

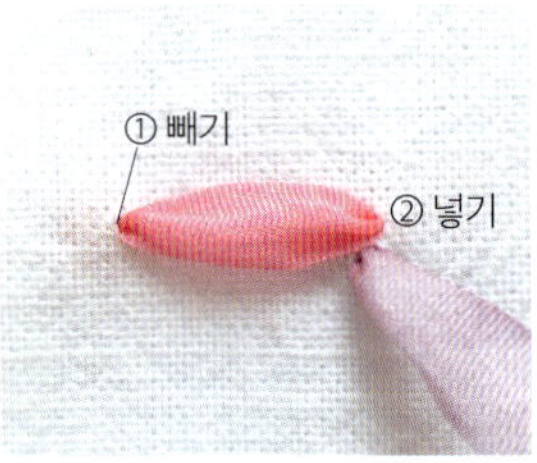

1 ①과 ② 사이에 스트레이트 스티치를 수놓고, ②의 바로 아래쪽으로 바늘을 뺍니다.

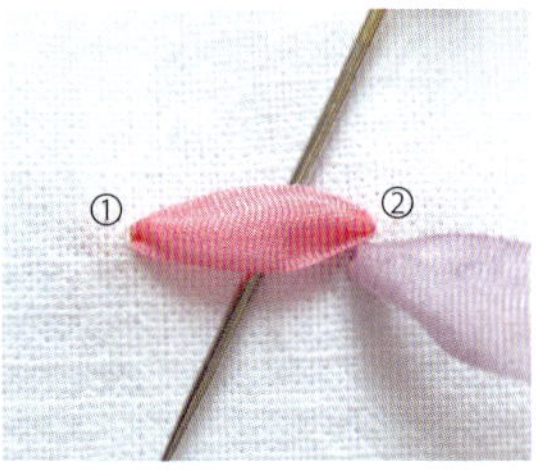

2 스트레이트 스티치 밑으로 바늘을 넣어 리본을 통과시킵니다.

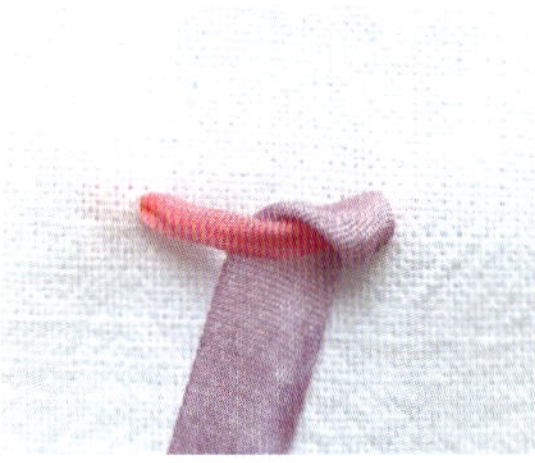

3 리본을 당깁니다.

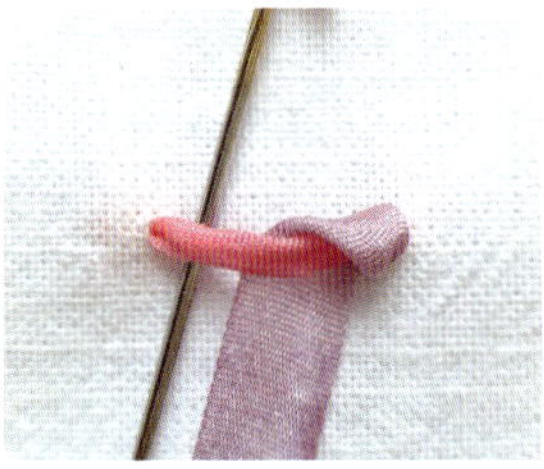

4 리본이 꼬이지 않게 주의하면서 다시 스트레이트 스티치 밑으로 바늘을 통과시킵니다.

5 리본을 당겨 스트레이트 스티치를 감싸준 후, 처음 바늘을 뺀 곳 바로 밑으로 바늘을 넣어 원단 뒤로 뺍니다.

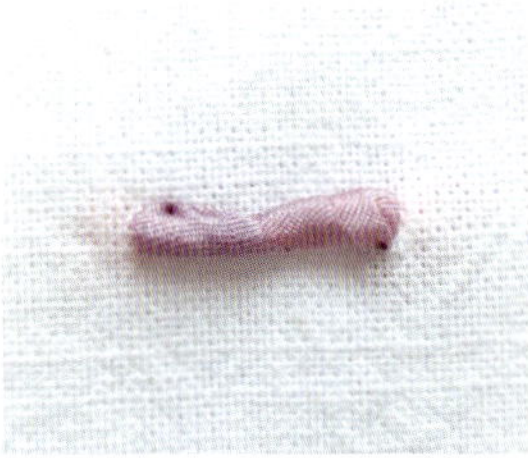

6 휘프트 스트레이트 스티치 완성

12 루프 스티치-플라워(Loop Stitch-Flower)

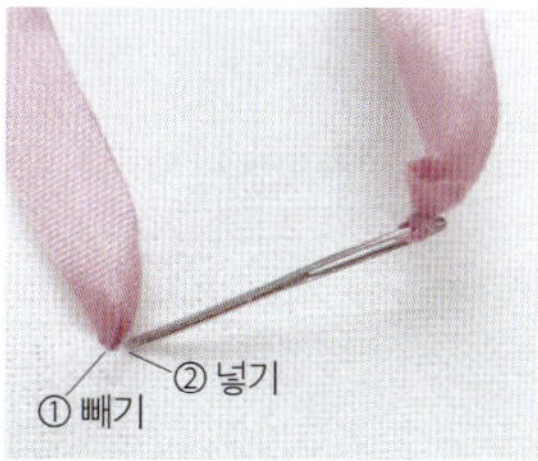

1 바늘을 ①에서 빼내어 ②에 넣습니다.

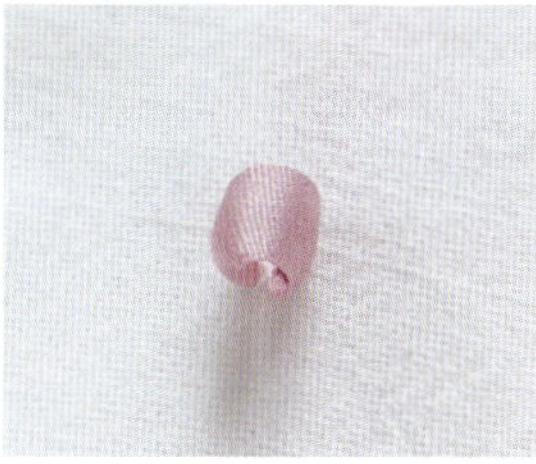

2 리본을 당겨 작은 고리를 만듭니다.

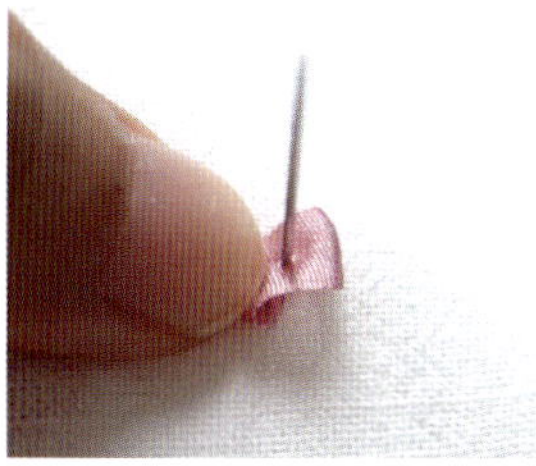

3 고리 사이로 실을 꿴 바늘을 빼냅니다.

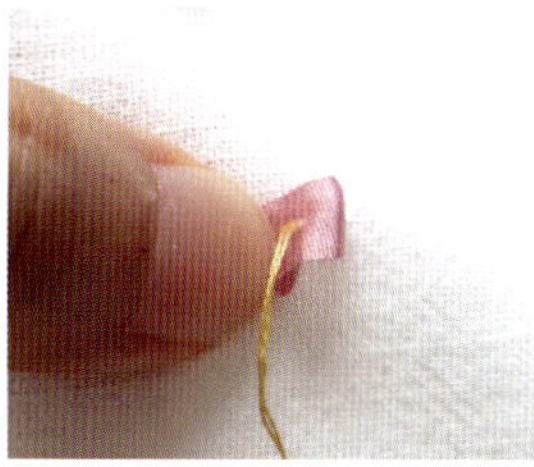

4 실을 당겨 빼냅니다.

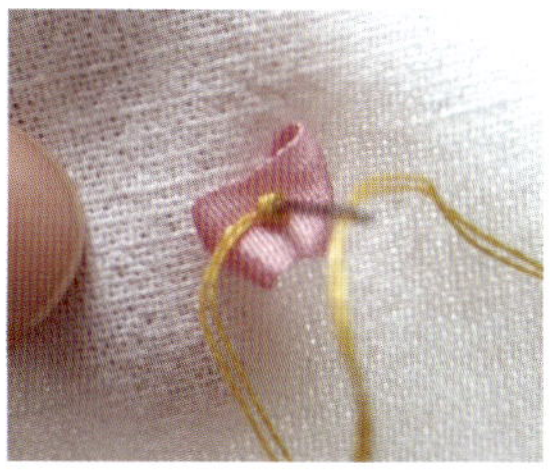

5 프렌치 노트 스티치를 수놓습니다.

6 루프 스티치-플라워 완성 (도안에서는 '루프 플라워S'로 표기)

13 개더드 로제트 스티치(Gathered Rosette Stitch)

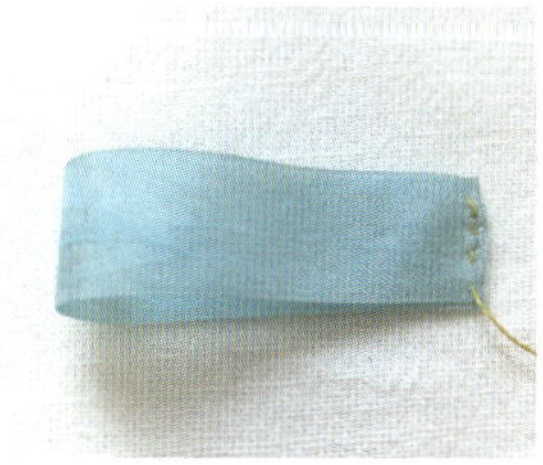

1 리본을 반으로 접어 옆면을 원단에 홈질합니다.

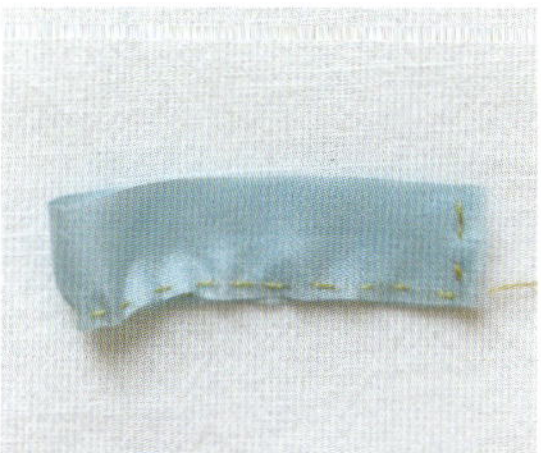

2 리본의 밑단 쪽(리본만)을 홈질합니다.

3 홈질한 밑단을 잡아당깁니다.

4 개더드 로제트 스티치 완성

14 피쉬본 스티치(Fishbone Stitch)

1 잎사귀 모양의 도안 중앙선을 3등분 한 후, 위쪽에서 바늘을 빼어 1/3 지점에 바늘을 넣습니다.

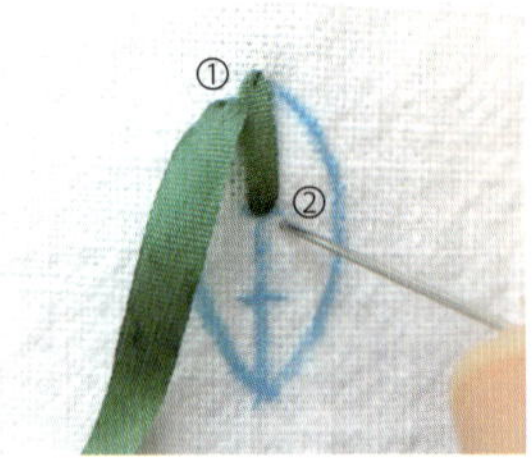

2 첫 번째 땀 왼쪽 바로 옆(①)으로 바늘을 뺀 후 사선으로 내려가 중심선의 살짝 오른쪽(②)에 바늘을 넣습니다.

3 다시 바늘을 첫 번째 땀 오른쪽 옆으로 빼고, 사선으로 내려가 중심선에서 살짝 왼쪽에 넣습니다.

4 2번과 3번 과정을 반복하며 나뭇잎을 채워갑니다.

5 잎이 채워지면 리본에 바늘을 찔러 넣어 고정하며 마무리합니다.

6 피쉬본 스티치 완성

15 불리온 노트 디태치드 체인 콤비네이션 스티치 (Bullion Knot Detached Chain Combination Stitch)

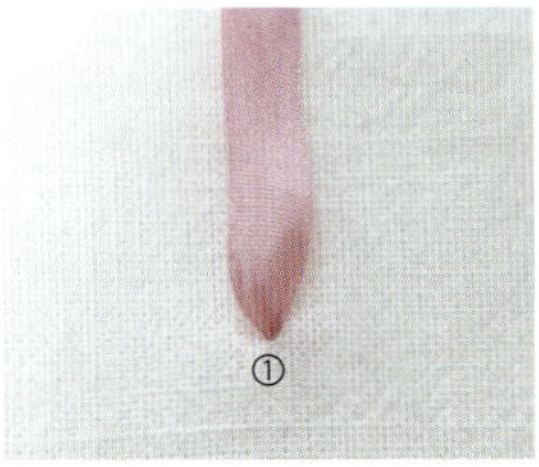

1 ①에서 바늘을 뺍니다.

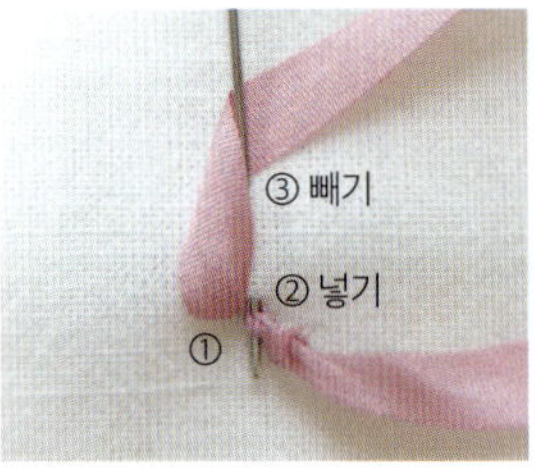

2 바늘을 ①의 바로 옆 ②에 넣고 ③에서 바늘 끝을 빼냅니다. 그리고 리본으로 바늘을 감싸줍니다.

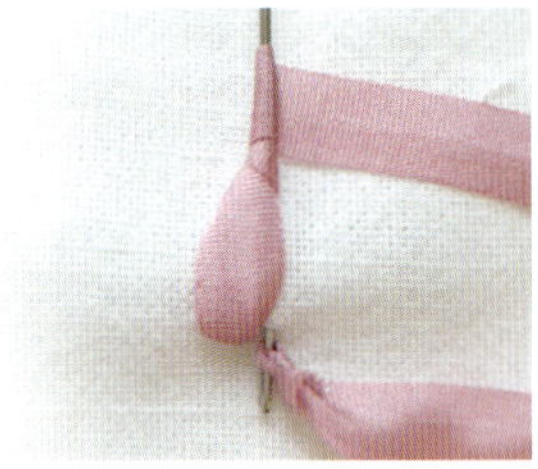

3 바늘에 감싼 리본을 2회 감아준 후 바늘을 뺍니다.

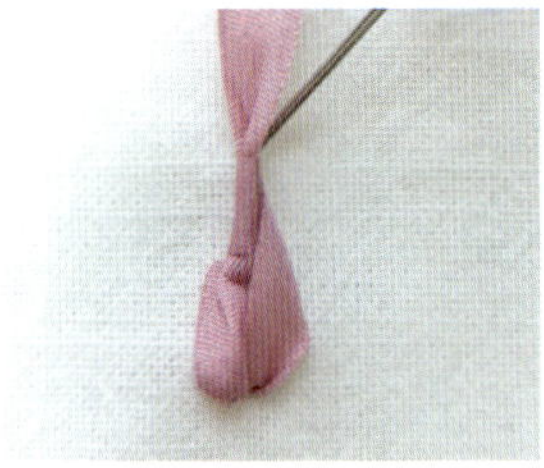

4 불리온 노트 끝부분에 바늘을 넣어 뺍니다.

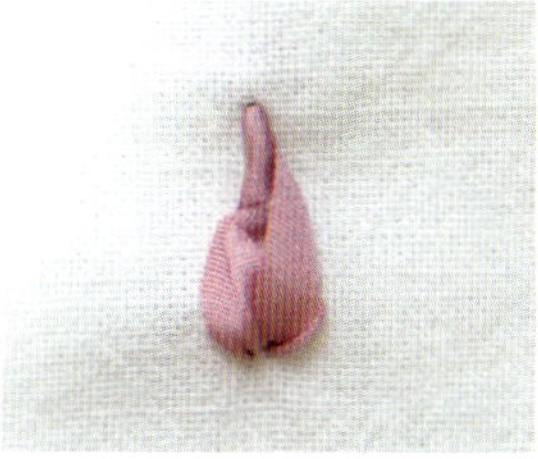

5 불리온 노트 디태치드 체인 콤비네이션 스티치 완성

16 그랩 스티치(Grab Stitch)

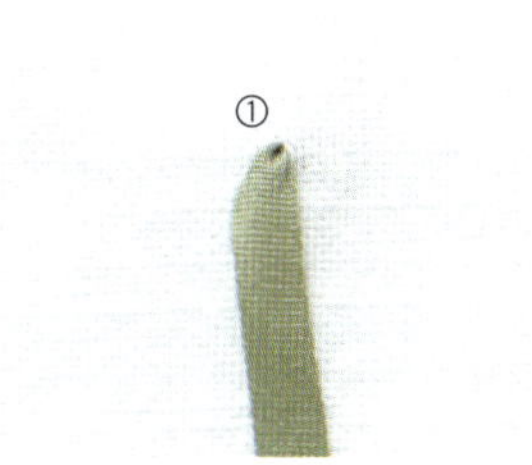

1 ①에서 바늘을 뺍니다.

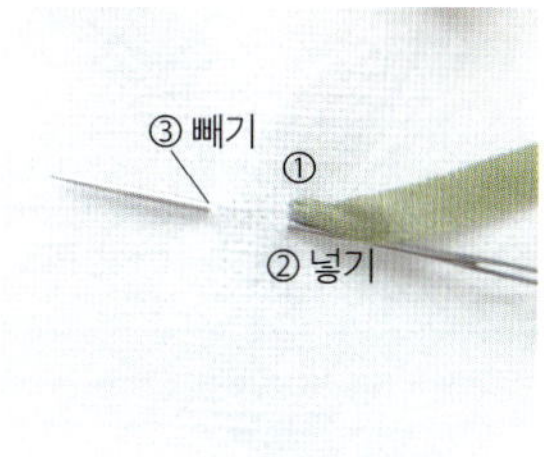

2 ①의 바로 옆 ②에 바늘을 넣고, ③에서 빼냅니다.

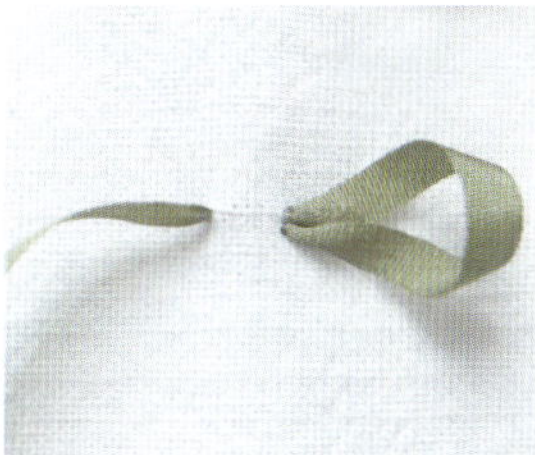

3 리본을 당겨 고리를 만듭니다.

4 고리에 리본을 통과시킵니다.

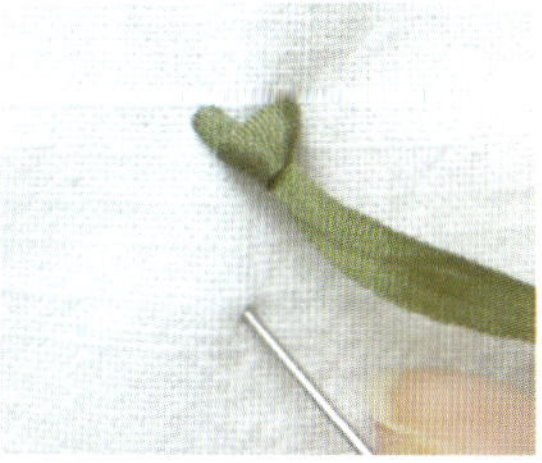

5 바늘을 아랫부분에 넣어 뺍니다.

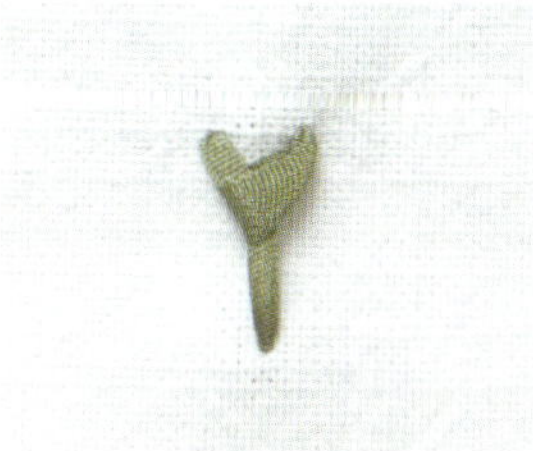

6 그랩 스티치 완성

17 스파이더 웹 로즈 스티치(Spider Web Rose Stitch)

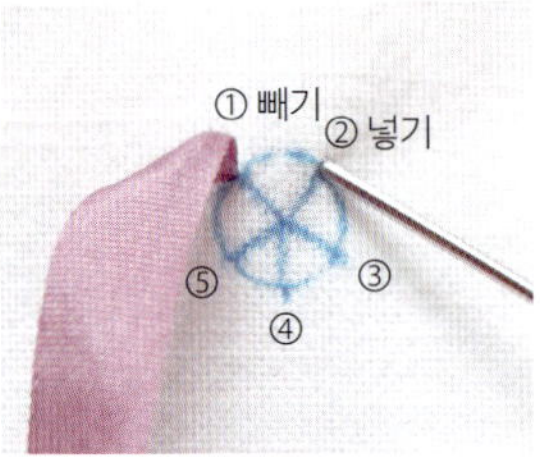

1 원을 그린 후 5등분을 하고 중심점을 찍은 후, ①로 바늘을 빼서 ②에 넣습니다.

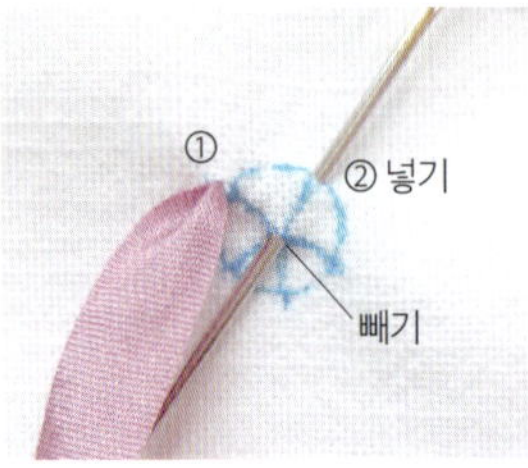

2 ②에서 넣은 바늘을 중심에서 빼냅니다.

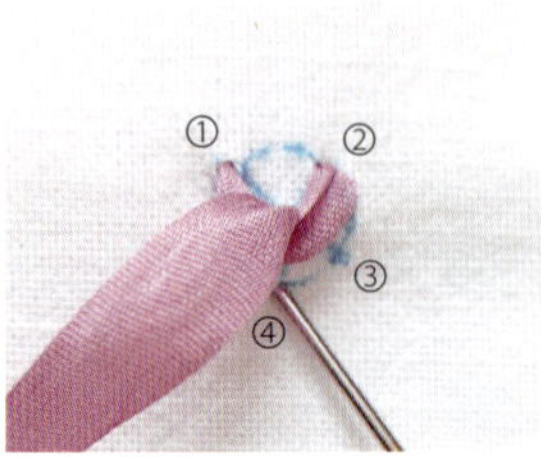

3 중심에서 뺀 바늘을 ④로 넣습니다.

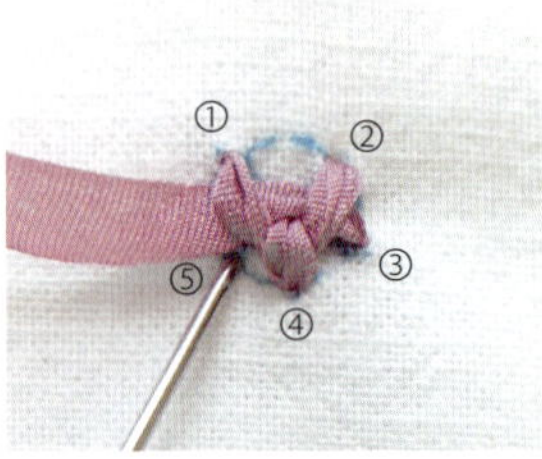

4 ④로 넣은 바늘을 ③에서 빼고, ①과 ②에 만들어진 두 기둥 아래로 바늘을 통과시킨 다음 바늘을 ⑤에 넣습니다.

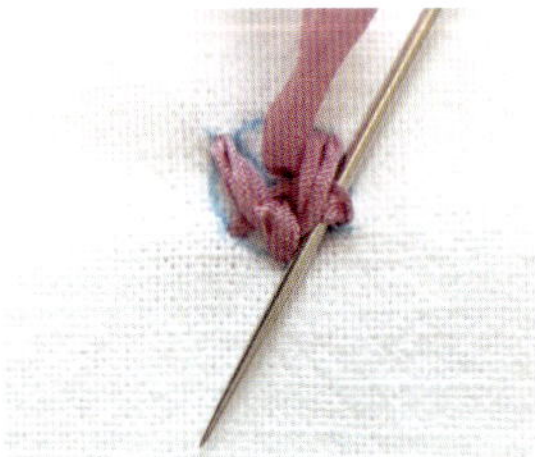

5 중심 위쪽으로 바늘을 빼낸 후, 기둥을 하나씩 거르며 시계방향으로 통과시킵니다.

6 기둥을 계속 통과시키며 기둥이 보이지 않을 때까지 꽃잎 모양을 만든 후, 안쪽으로 바늘을 찔러 넣으며 마무리합니다.

18 클로즈드 헤링본 스티치(Closed Herringbone Stitch)

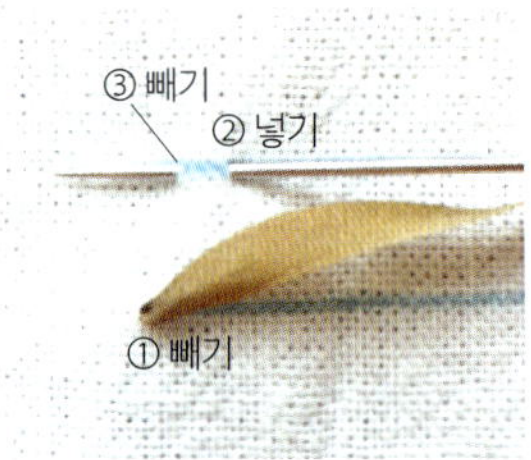

1 ①에서 바늘을 빼서 ②에 넣고 ③에서 뺍니다.

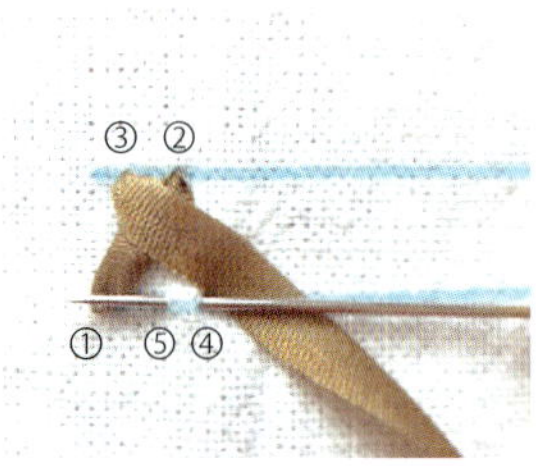

2 ④에 바늘을 넣고 ⑤로 뺍니다.

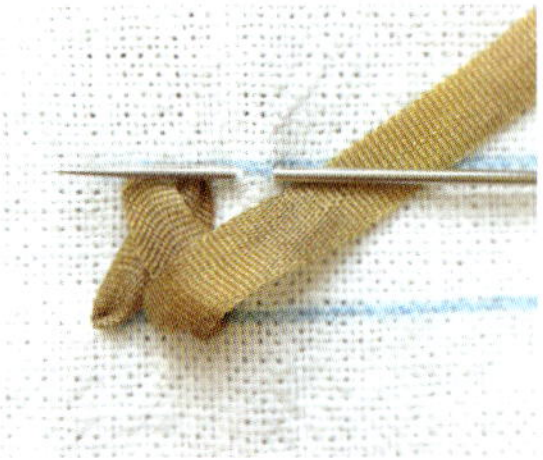

3 1번 과정을 반복합니다.

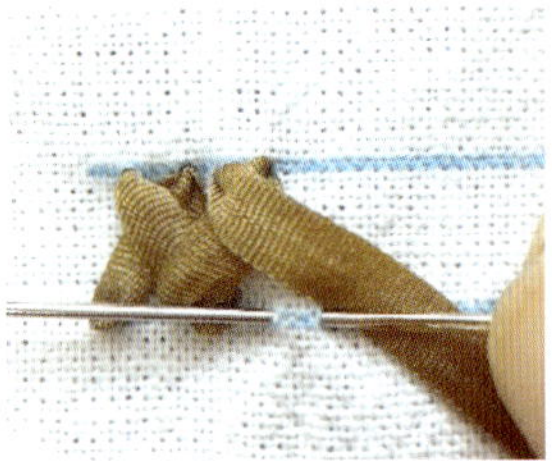

4 2번 과정을 반복하며 수를 놓습니다.

5 리본 위로 바늘을 찔러 넣어 마무리합니다.

6 클로즈드 헤링본 스티치 완성

19 러닝 프렌치 노트 콤비네이션 스티치(Running French Knot Combination Stitch)

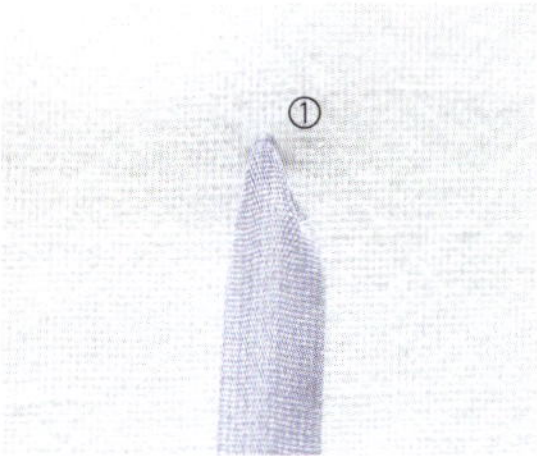

1 ①에서 바늘을 뺍니다.

2 바늘을 뺀 곳으로부터 5~6cm 떨어진 지점에서 바늘에 리본을 2번 감습니다.

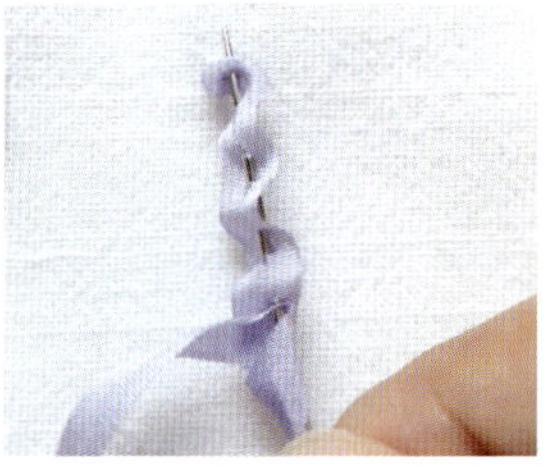

3 리본 중앙 부분을 따라 약 6mm 간격으로 러닝 스티치를 수놓습니다.

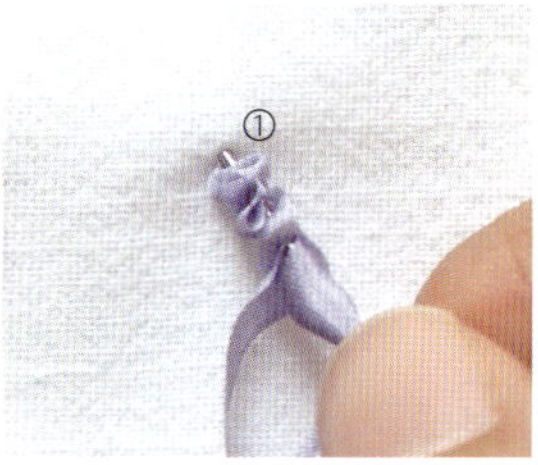

4 처음 바늘을 뺀 곳과 가까운 곳에 바늘을 찔러 넣습니다.

5 바늘을 당기며 접힌 리본이 꽃잎 모양이 되도록 해줍니다.

20 카우칭 스티치(Couching Stitch)

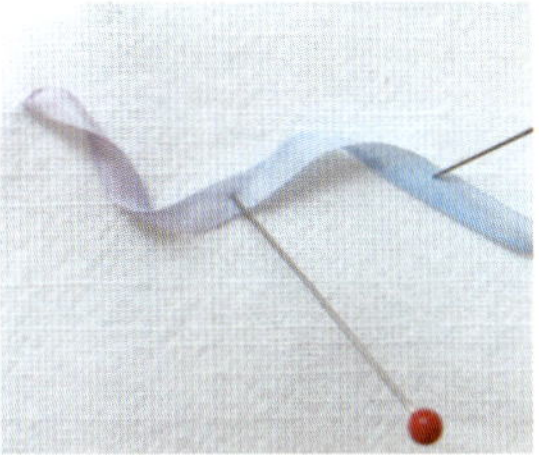

1 리본을 원하는 모양으로 만든 후 시침핀으로 임시 고정합니다.

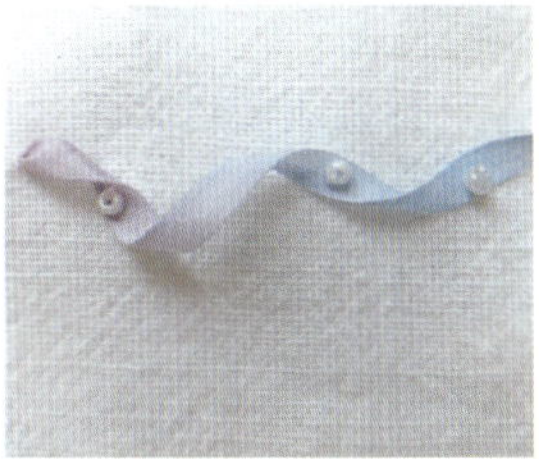

2 비즈나 원하는 스티치로 수를 놓은 후 시침핀을 뺍니다.

21 트월드 리본 로즈 스티치(Twirled Ribbon Rose Stitch)

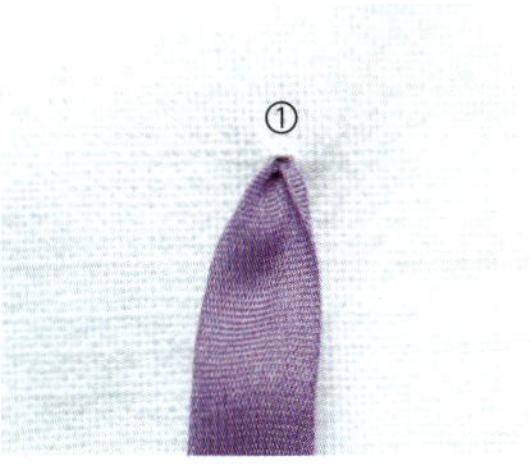

1 ①에서 바늘을 뺍니다.

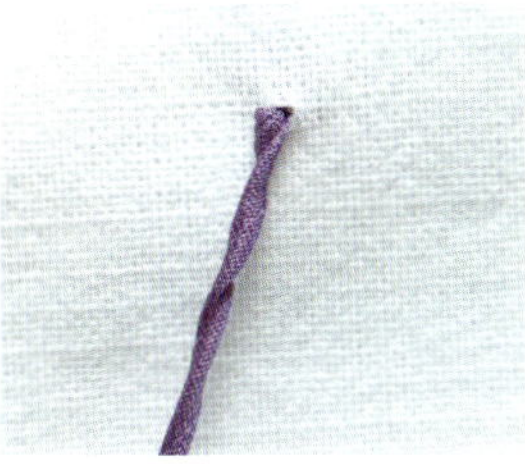

2 바늘을 반시계방향으로 돌려 리본을 꼬아줍니다.

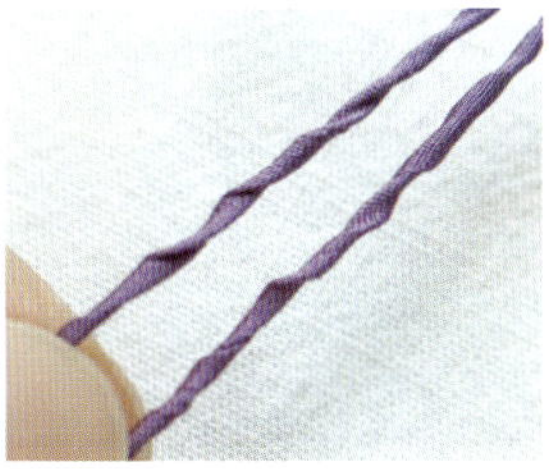

3 리본이 뒤틀리기 시작하면 꼬는 것을 멈추고 반으로 접어 고리를 만든 다음, 접힌 쪽과 천에서 바늘을 뺀 쪽 끝을 손으로 잡습니다.

4 한쪽 손을 놓으면 리본이 서로 꼬이면서 이중으로 감깁니다.

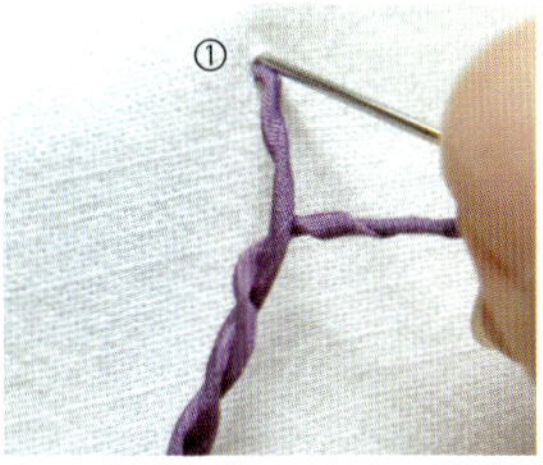

5 이중으로 감긴 리본을 잡은 상태에서 ①의 바로 옆으로 바늘을 넣습니다.

6 천천히 바늘을 당기며 꽃잎 모양을 만든 후, 같은 색의 자수실로 꽃잎 모양을 고정합니다.

22 개더드 노트 스티치(Gathered Knot Stitch)

1 리본을 50cm로 자르고 매듭을 짓지 않은 채 원단을 통과시켜 양쪽 길이가 같아지도록 합니다.

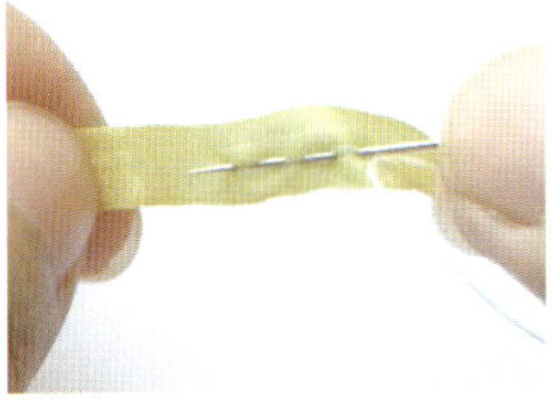

2 리본과 같은 색의 자수실(사진에서는 흰색을 사용)을 바늘에 꿰어 매듭을 짓고, 리본 끝에서 1cm가 떨어진 위치에서부터 2mm 간격으로 리본 중심에 홈질합니다.

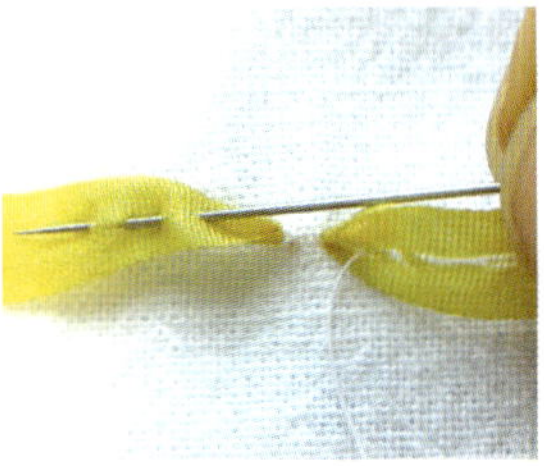

3 중심(원단을 통과시킨 곳)까지 오면 5mm 정도 띄우고 계속해서 홈질합니다.

4 리본 끝까지 홈질을 마치면 주름을 균등하게 잡으면서 리본 전체 길이가 20cm가 될 때까지 오그립니다.

5 오그린 리본을 느슨하게 묶어줍니다. 리본 끝이 1cm 정도 남을 때까지 여러 번 묶어줍니다.

6 리본과 같은 색의 자수실(사진에서는 붉은색을 사용)을 바늘에 꿰어 매듭을 짓고, 리본 끝을 단단히 고정합니다.

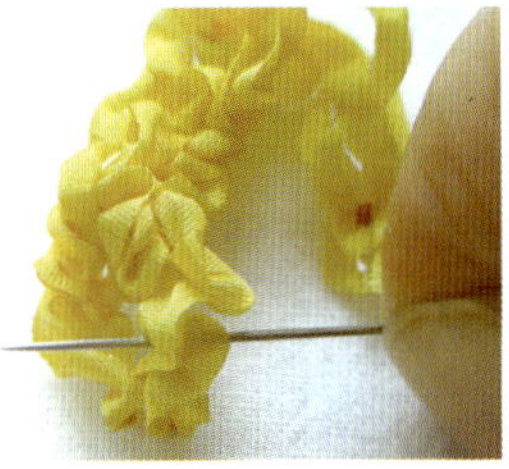

7 바늘을 첫 번째 묶은 고리로 통과시킵니다.

8 원단에 바느질하여 고정합니다.

9 모양을 잡아가며 리본을 바느질로 고정합니다.

10 개더드 노트 스티치 완성

23 램블러 로즈 스티치(Rambler Rose Stitch)

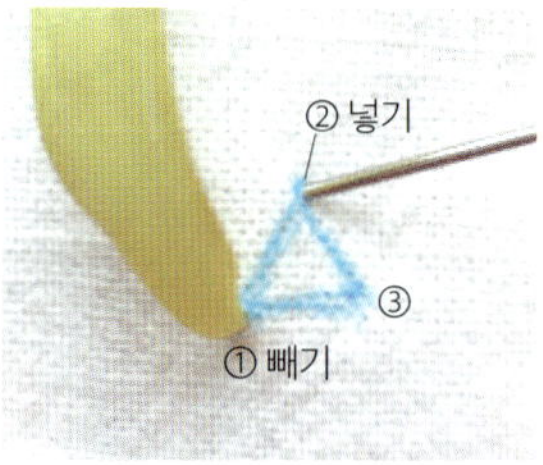

1 정삼각형을 그린 후 ①에서 바늘을 빼내어 ②에 넣습니다.

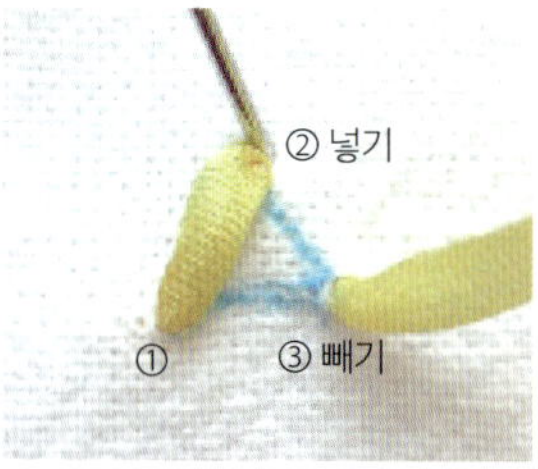

2 ③에서 바늘을 빼내고 다시 ②에 넣습니다.

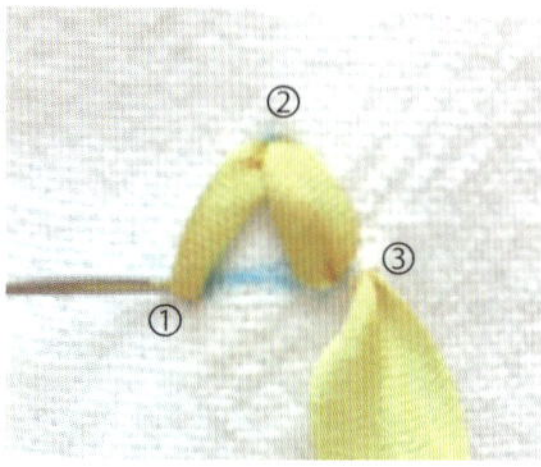

3 ③에서 바늘을 빼서 다시 ①에 넣습니다.

4 수놓은 삼각형의 한 면에서 정삼각형을 이루는 꼭짓점 위치에서 바늘을 뺍니다.

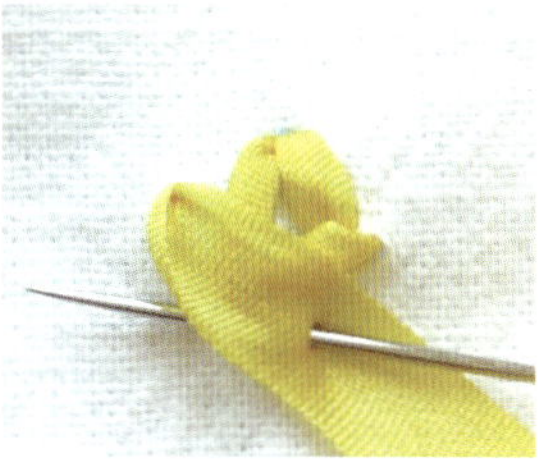

5 먼저 수놓은 삼각형의 꼭짓점을 에워싸며 리본 위에 바늘을 찌른 후 반 땀이 조금 안 되는 곳에서 바늘을 뺍니다.

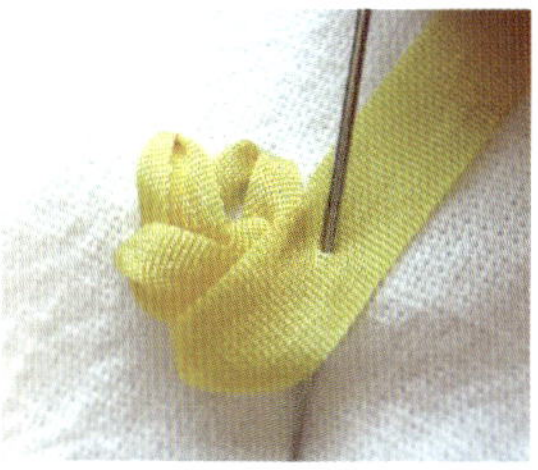

6 같은 방법으로 삼각형의 둘레를 수놓습니다.

7 첫 땀의 안쪽으로 바늘을 찌르며 마무리합니다.

8 꽃의 중앙에 비즈를 넣어 장식합니다.

24 개더드 리본 블로섬 스티치(Gathered Ribbon Blossom Stitch)

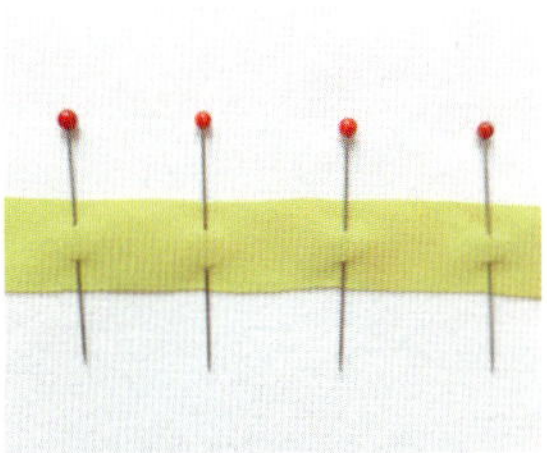

1 리본에 일정 간격으로 시침핀이나 수성펜을 이용해 표시합니다. 사진은 13mm 폭의 리본을 2cm 간격으로 표시한 것입니다.

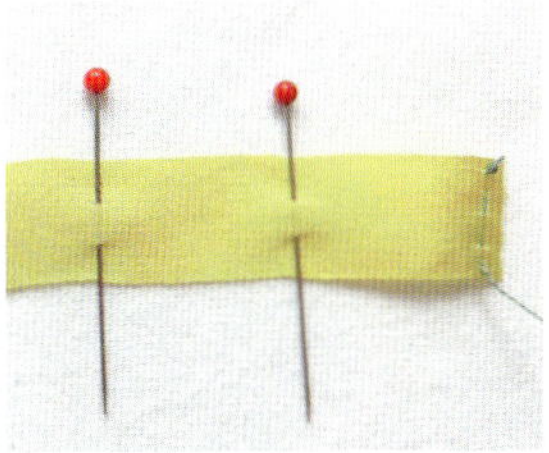

2 매듭을 지은 재봉실을 리본 끝에서부터 홈질합니다.

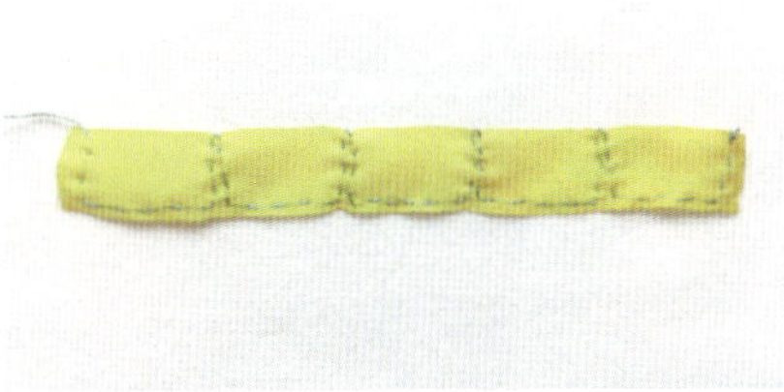

3 시침핀으로 표시된 부분을 경계로 ㄷ자 모양으로 바느질합니다.

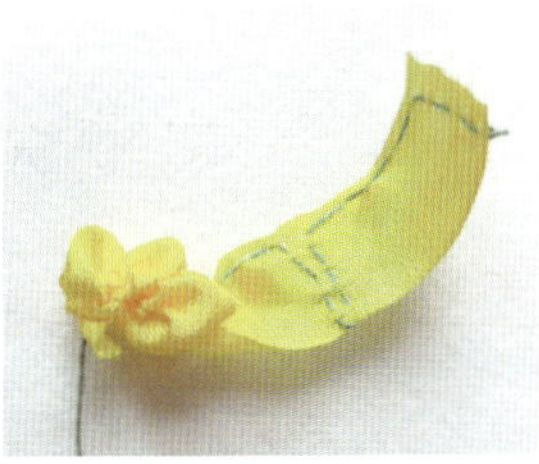

4 홈질한 실을 당기며 꽃잎 모양을 만듭니다.

5 꽃잎 모양으로 앞면이 맞닿게 모은 후 바느질로 고정합니다.

6 중심에 비즈나 프렌치 노트 스티치로 꽃술을 표현합니다.

25 폴디드 리본 로즈 스티치(Folded Ribbon Rose Stitch)

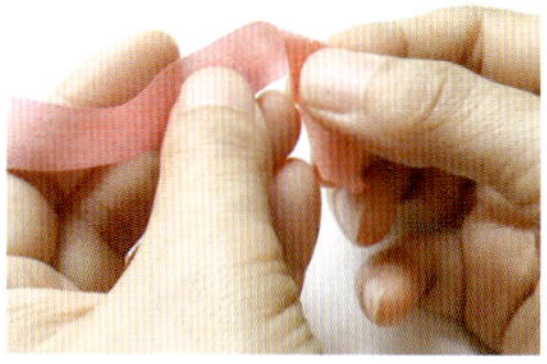

1 리본을 꼬리가 1.5cm 정도 남게 접어줍니다.

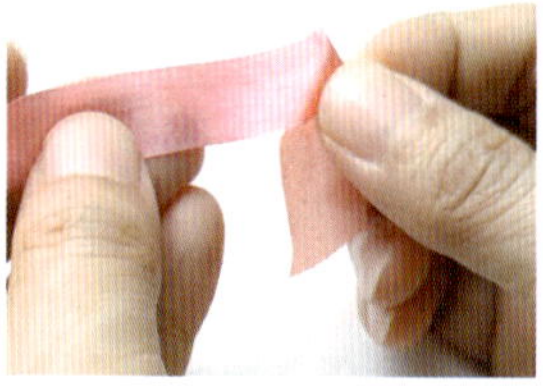

2 접은 리본을 왼쪽 방향으로 한 번 더 접어줍니다.

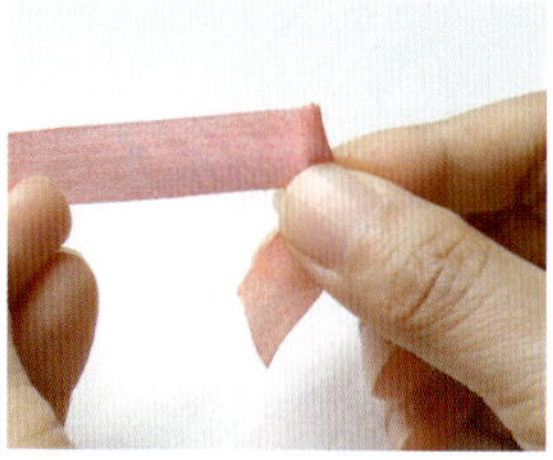

3 2회 감아줍니다.

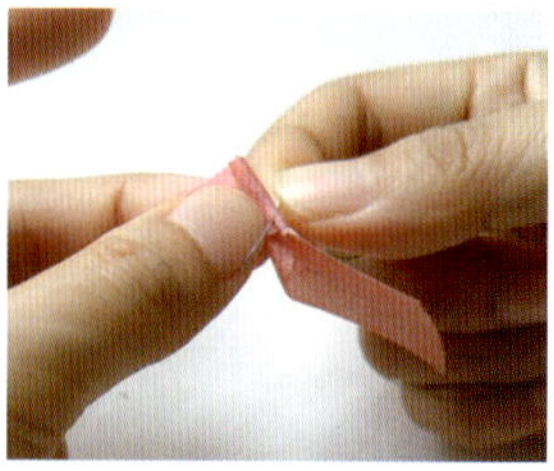

4 리본을 잡은 상태에서 실을 꿴 바늘을 접힌 리본 아랫부분에 통과시킵니다.

5 실을 당긴 후 바느질로 리본 아랫부분을 2회 통과시킵니다.

6 리본 위쪽 테두리를 뒤로 접어 아래를 향하게 한 후 왼쪽 방향으로 중심을 감아줍니다.

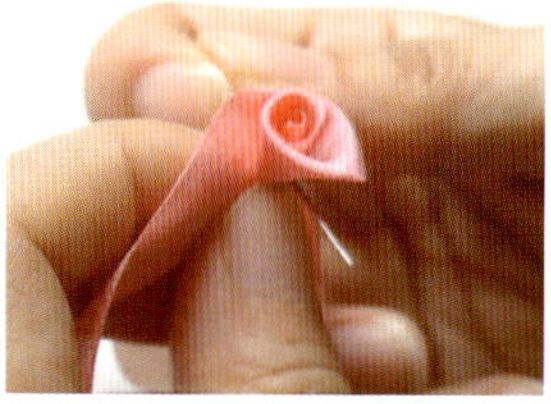

7 리본 아랫부분을 실을 꿴 바늘로 2회 통과하며 고정합니다.

8 같은 방식을 반복하며 원하는 크기의 장미꽃을 만듭니다.

9 원하는 장미꽃의 크기로 접은 후 리본 아랫부분을 바느질로 고정합니다. 리본의 남은 부분은 잘라냅니다.

10 폴디드 리본 로즈 스티치 완성

26 올드 로즈 스티치(Old Rose Stitch)

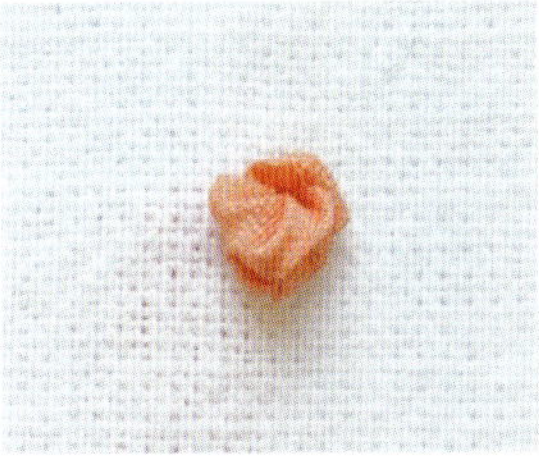

1 프렌치 노트 스티치를 2회 감아 수놓습니다.

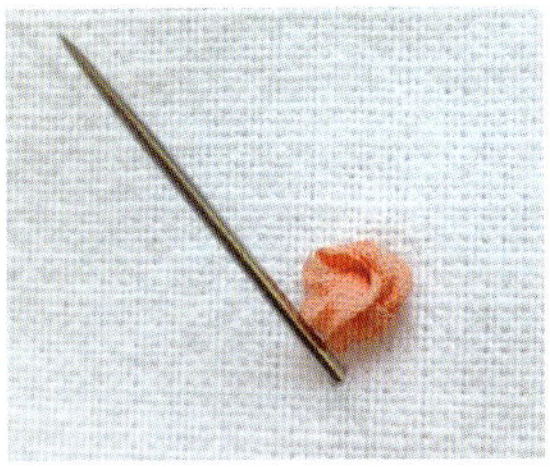

2 수놓인 프렌치 노트 스티치 바로 아래에서 바늘을 뺍니다.

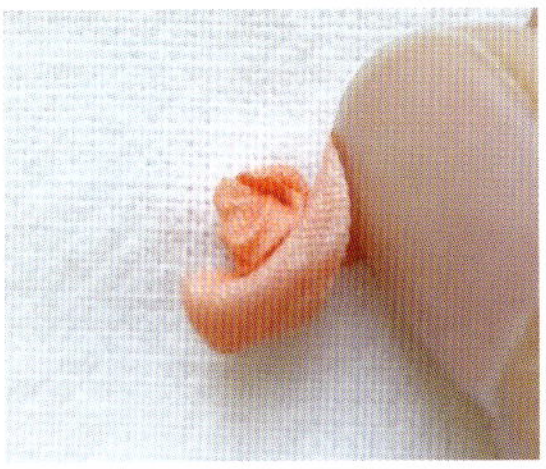

3 리본을 비스듬히 접어줍니다.

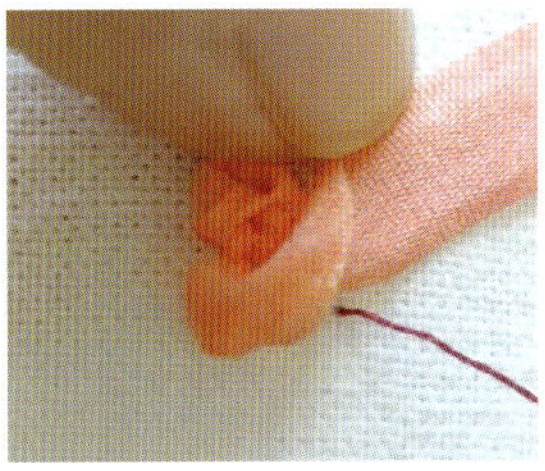

4 리본 색과 같은 색상의 실을 꿴 바늘을 리본 아래쪽에서 빼냅니다.

5 홈질하듯 리본과 원단을 함께 바늘로 뜹니다.

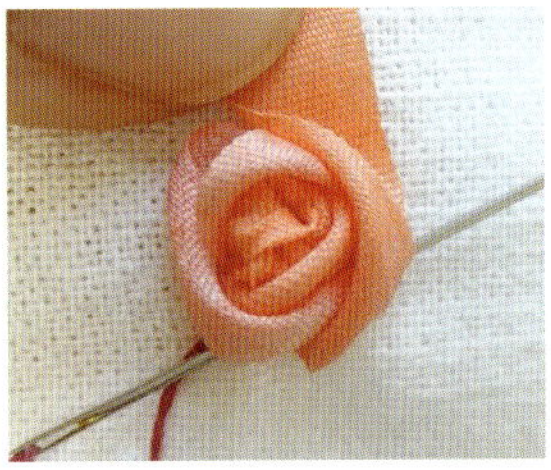

6 바늘을 꽂은 상태로 리본을 접고, 꽂혀있던 바늘을 빼서 접어둔 리본과 원단을 함께 바늘로 뜹니다.

7 리본 접기와 바느질을 반복해서 장미꽃 모양을 만든 후 리본 위를 바늘로 찌릅니다.

8 실을 원단 뒤로 보내서 매듭을 짓습니다.

9 올드 로즈 스티치 완성

27 슈 플뢰르 스티치(Chou-fleur Stitch)

종이본 견본

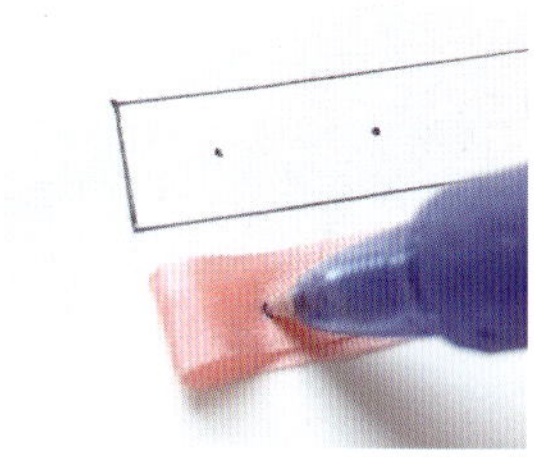

1 13mm 폭의 리본을 24cm 길이로 자른 후 반으로 접고, 종이본 아래에 놓은 다음 해당 위치에 점을 찍습니다. (접힌 리본의 앞뒷장 모두)

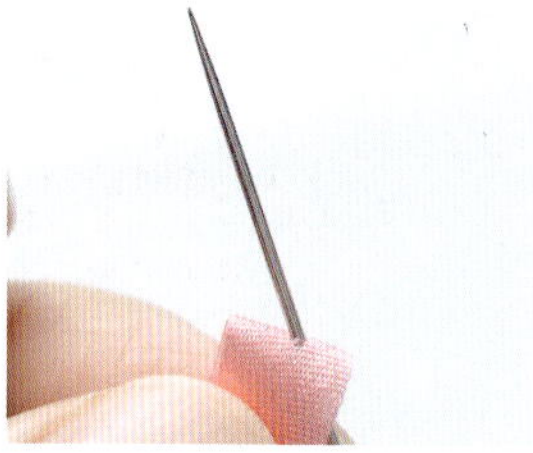

2 매듭 지은 바늘을 리본의 접힌 부분으로 통과시킵니다.

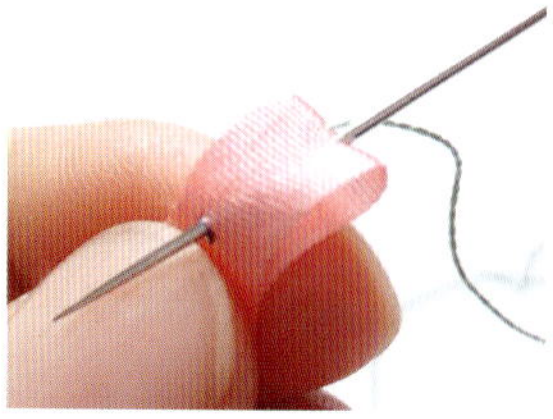

3 접힌 부분에서 작게 한 땀을 뜬 후, 접힌 리본 안쪽을 통해 첫 번째 점으로 바늘을 뺍니다.

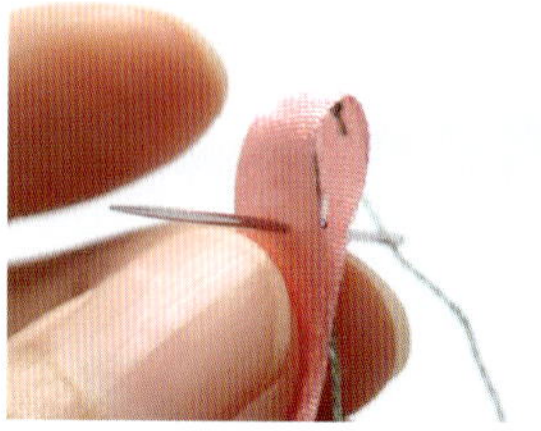

4 바늘을 뺀 곳(첫 번째 점)에서 작게 땀을 뜬 후, 반대쪽(접힌 리본의 다른 한쪽)으로 바늘을 찔러 나옵니다.

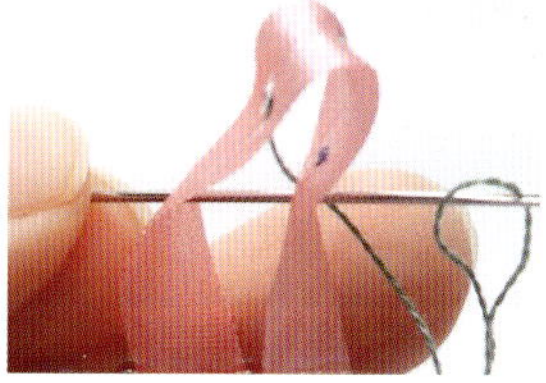

5 작게 땀을 뜬 후 반대쪽으로 바늘을 찔러 나오는 과정을 반복하되, 실이 접힌 리본 안쪽으로 지나도록 합니다.

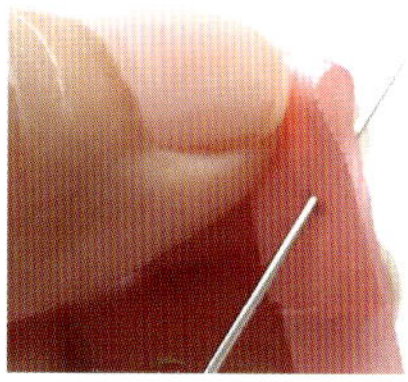

6 리본 끝을 미리 안쪽으로 접은 후 바늘을 통과시킵니다.

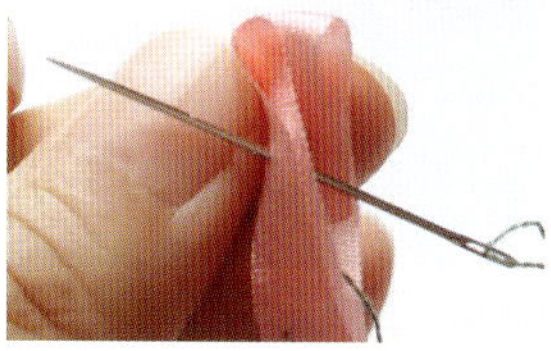

7 반대쪽 끝도 접어 넣고 바깥쪽으로 바늘을 통과시켜 뺍니다.

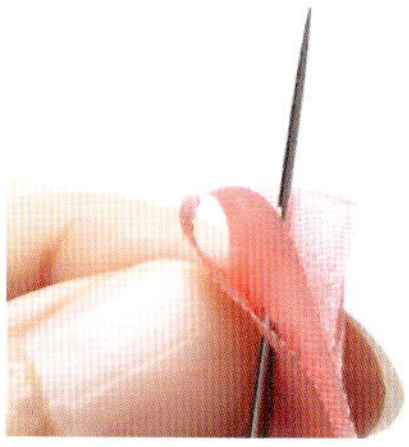

8 바늘을 두 리본 끝의 가운데 부분으로 뺍니다.

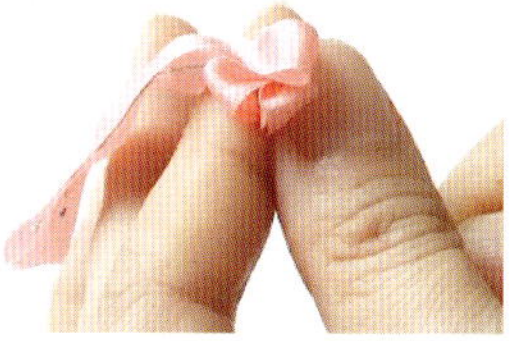

9 아랫부분을 누르며 실을 당깁니다.

10 끝까지 당겨서 꽃모양이 만들어지면 매듭을 짓습니다.

프랑스 자수

스티치 기법

01 러닝 스티치(Running Stitch)

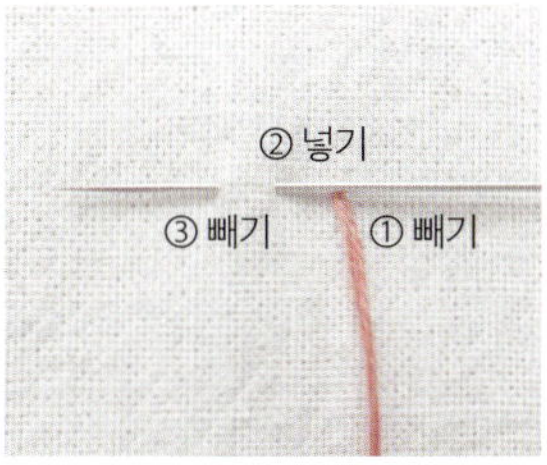

1 ①에서 바늘을 빼고 ②에 넣어 ③에서 다시 뺍니다.

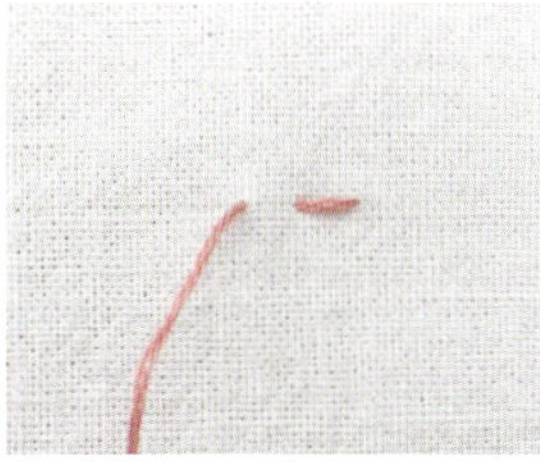

2 같은 방법으로 바늘땀이 일정하도록 수놓습니다.

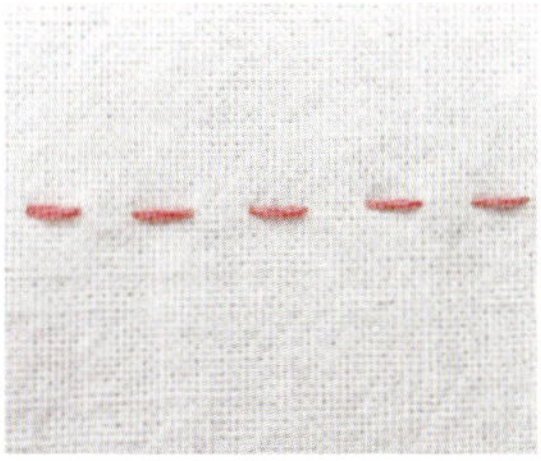

3 러닝 스티치 완성

02 백 스티치(Back Stitch)

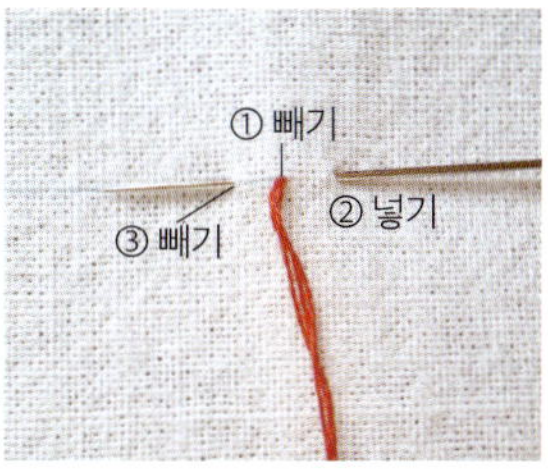

1 ①에서 바늘을 빼고 한 땀 되돌아가서 ②에 바늘을 넣은 다음 ③에서 뺍니다.

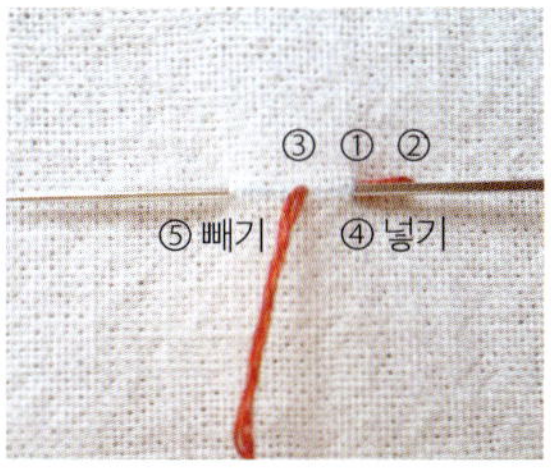

2 같은 방법으로 ③에서 한 땀 되돌아가서 ④(①혹은 ①의 바로 옆)에 바늘을 넣고 ⑤에서 뺍니다.

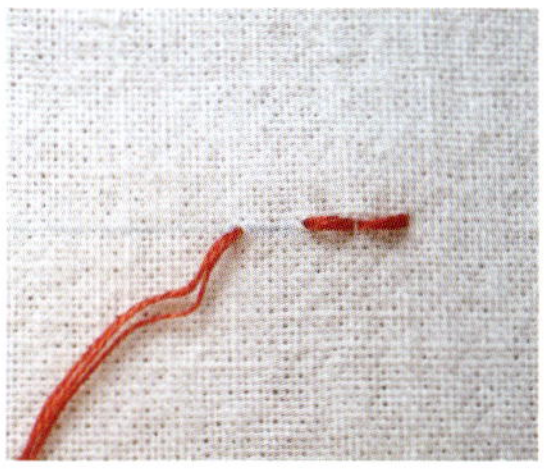

3 같은 방법으로 바늘땀이 일정하도록 수놓습니다.

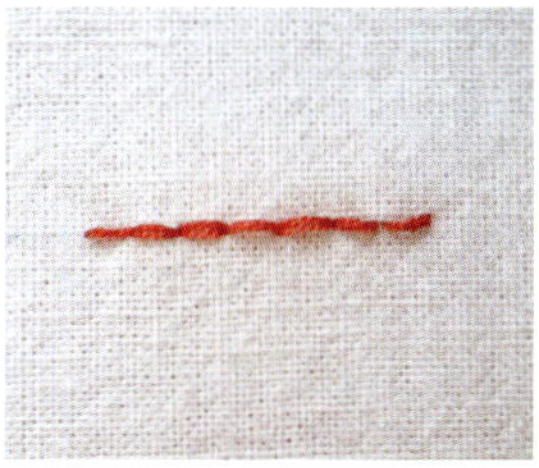

4 백 스티치 완성

03 아우트라인 스티치(Outline Stitch)

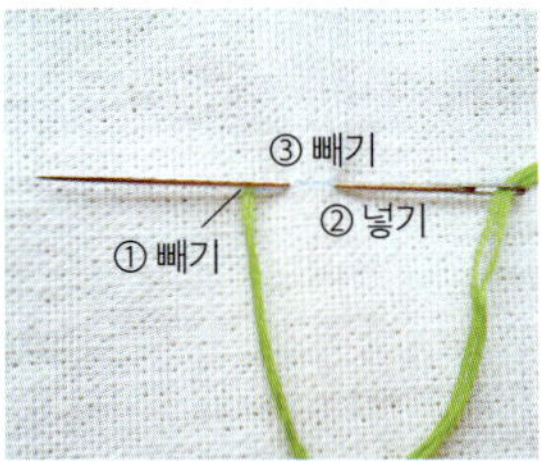

1 ①에서 바늘을 빼서 ②에 넣은 다음 ③에서 뺍니다.

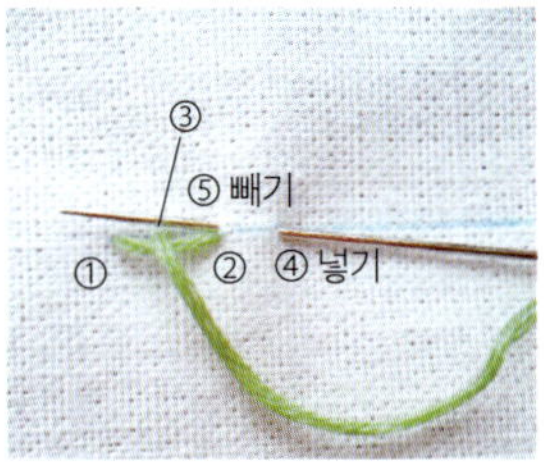

2 ③에서 뺀 바늘을 ④에 넣고 ⑤에서 뺍니다. 이때 ②와 ⑤는 같은 위치입니다.

3 같은 방법으로 반복해서 바늘땀이 일정하도록 수놓습니다.

* 아우트라인 스티치로 면을 메우는 것을 아우트라인 필링 스티치라고 합니다.

04 새틴 스티치(Satin Stitch)

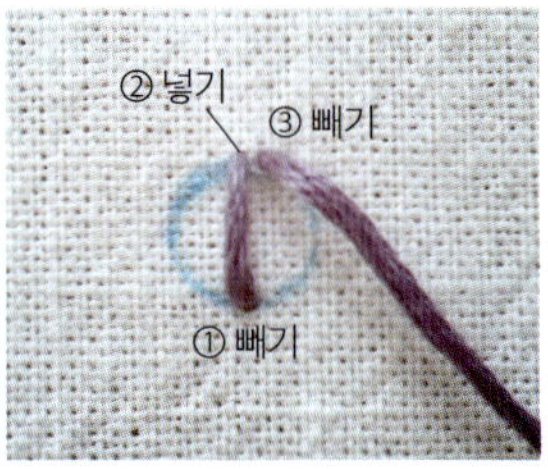

1 ①에서 뺀 바늘을 ②에 넣은 후 ③에서 뺍니다.

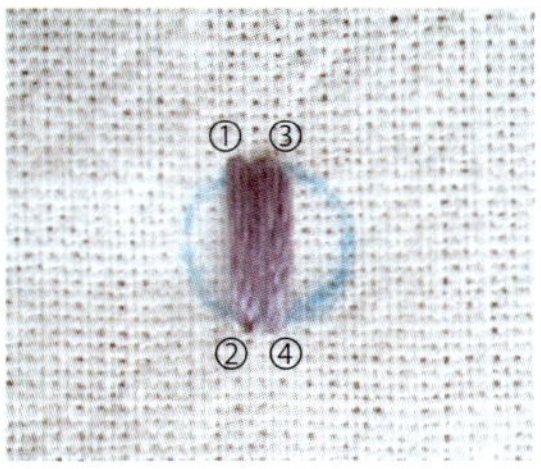

2 ③에서 뺀 바늘을 ④에 넣은 후 같은 방법으로 오른쪽 면을 채워갑니다.

3 오른쪽 면이 채워졌습니다.

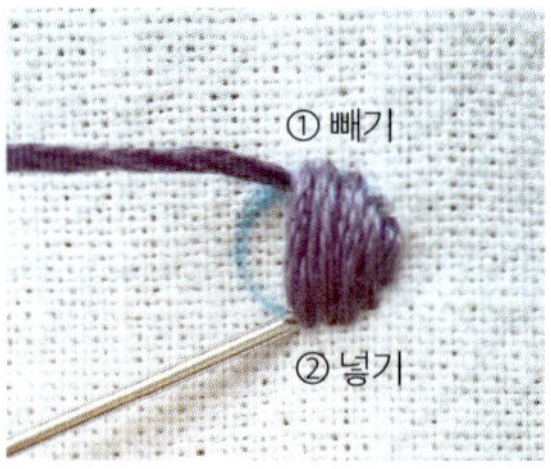

4 중심으로 다시 돌아가서 반대쪽 면을 같은 방법으로 채워줍니다.

5 새틴 스티치 완성

05 체인 스티치(Chain Stitch)

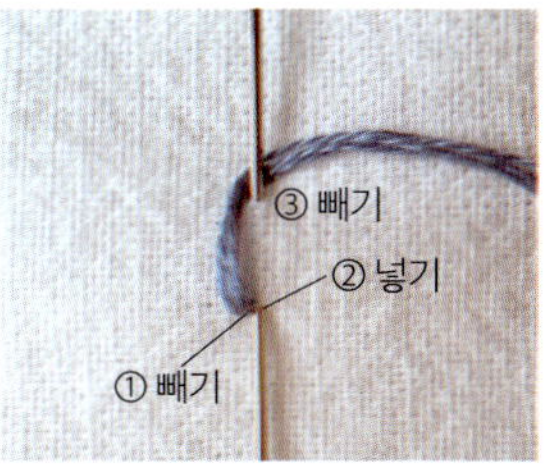

1 ①에서 바늘을 뺀 후 바로 옆 ②에 넣고 ③에서 뺀 다음 실을 바늘 밑으로 걸어줍니다.

2 실을 잡아당겨줍니다. 이때 너무 바싹 당겨지지 않도록 주의하세요.

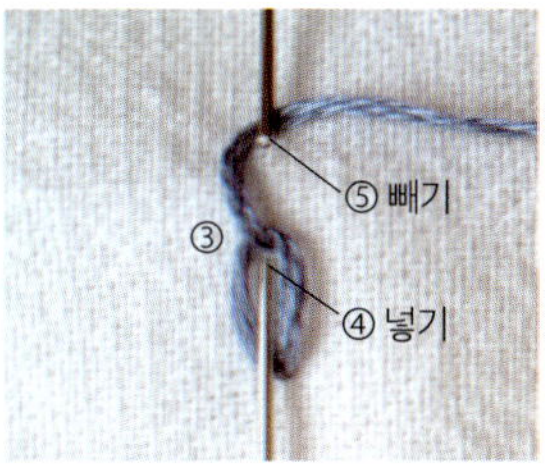

3 ③ 바로 옆 ④에 바늘을 넣고 한 땀을 나가서 ⑤에서 바늘을 뺍니다. 이때 역시 실을 바늘 밑으로 겁니다.

4 앞의 과정을 반복하여 수를 놓습니다. 마지막 체인의 바깥쪽에 바늘을 넣어 고리를 고정하는 것으로 마무리합니다.

06 더블 레이지 데이지 스티치(Double Lazy Daisy Stitch)

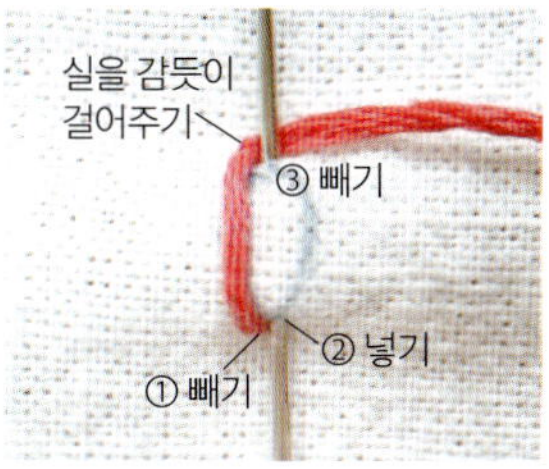

1 바늘을 ①에서 뺀 다음 바로 옆 ②에 넣고, 바늘 끝을 ③으로 뺀 다음 실을 바늘에 감듯이 걸어줍니다.

2 바늘을 빼면 고리가 만들어집니다.

3 고리 위쪽에 바늘을 찔러 넣어 고정하면 레이지 데이지 스티치가 완성됩니다.

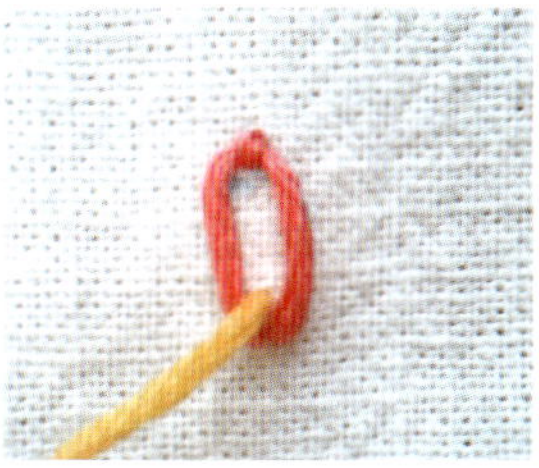

4 수놓아진 레이지 데이지 스티치 안에서 바늘을 뺍니다.

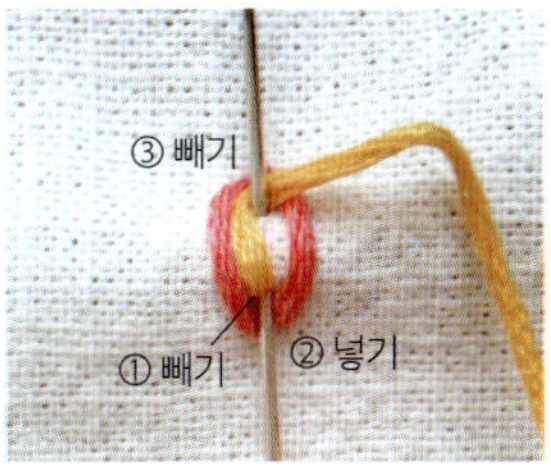

5 레이지 데이지 스티치 안에 레이지 데이지 스티치를 하나 더 수놓습니다.

6 실을 당겨줍니다.

7 당긴 실을 고정하며 스티치를 마무리합니다.

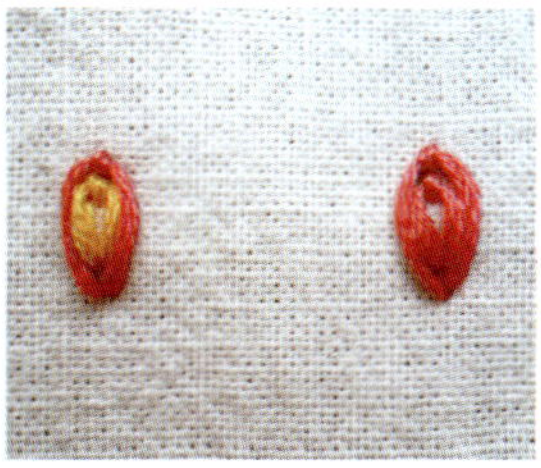

8 다른 색상으로 수놓았을 때와 같은 색상으로 수놓았을 때의 더블 레이지 데이지 스티치

07 페더 스티치(Feather Stitch)

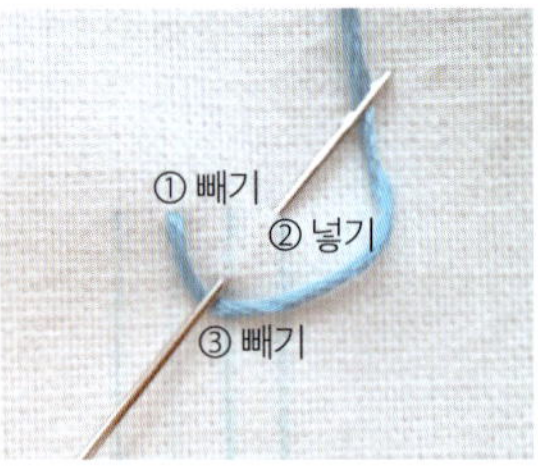

1 ①에서 바늘을 뺀 후 ②(한 땀 뒤)에 바늘을 넣고 ③(아랫줄 반 땀 앞)에서 뺍니다. 이때, 실을 바늘 밑으로 걸어줍니다.

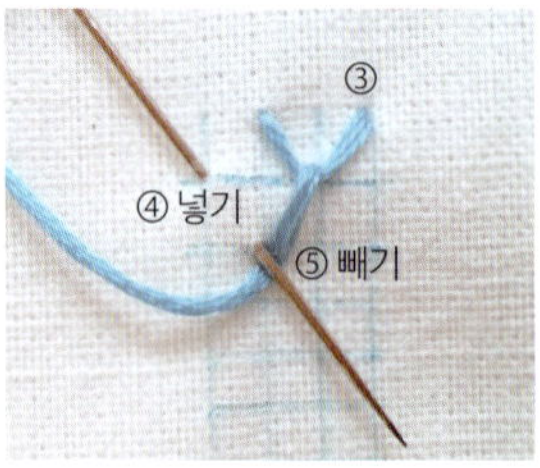

2 실을 당기고 바늘을 ④(한 땀 앞)에 넣은 후 ⑤(아랫줄 반 땀 뒤)에서 뺍니다. 이때 역시 실을 바늘 밑으로 걸어 줍니다.

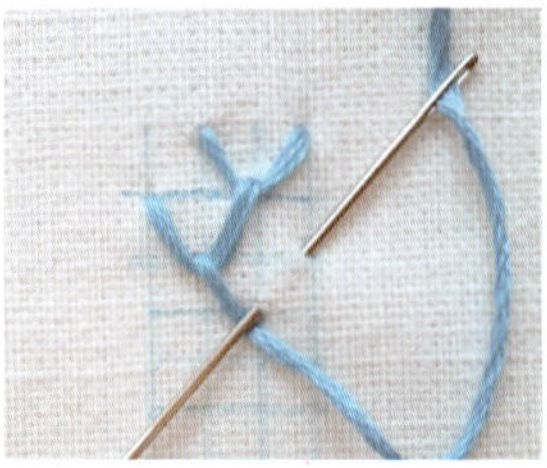

3 ①~⑤를 반복하며 수놓습니다.

4 원하는 만큼 수를 놓았으면 원단 뒤로 바늘을 빼서 스티치를 고정시켜주며 마무리합니다.

08 카우칭 스티치(Couching Stitch)

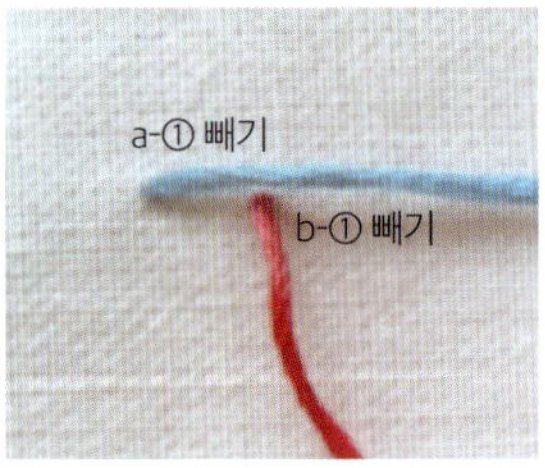

1 a와 b 두 가지 종류의 실을 준비합니다. a실을 빼서 놓아둔 다음, b실을 뺍니다.

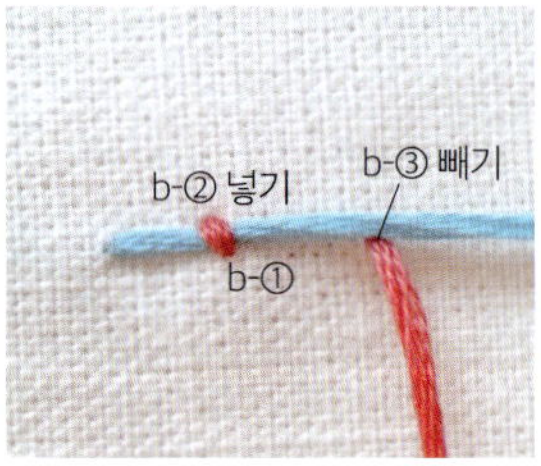

2 b실을 a실 위로 고정하면서 수를 놓아갑니다.

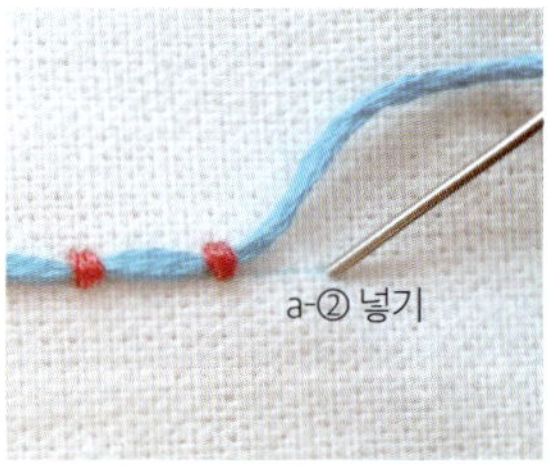

3 a실을 넣으며 수를 마무리합니다.

4 카우칭 스티치 완성

09 휘프트 러닝 스티치(Whipped Running Stitch)

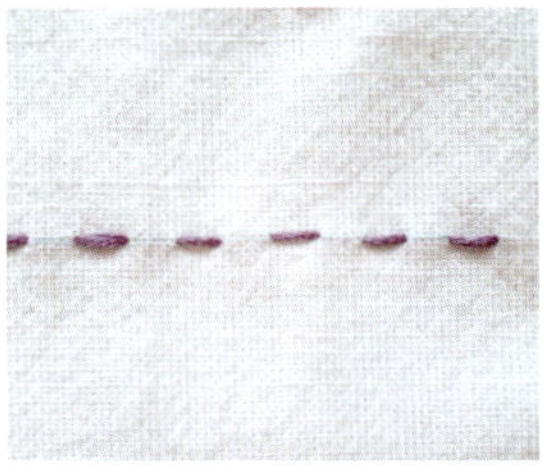

1 러닝 스티치를 수놓습니다.

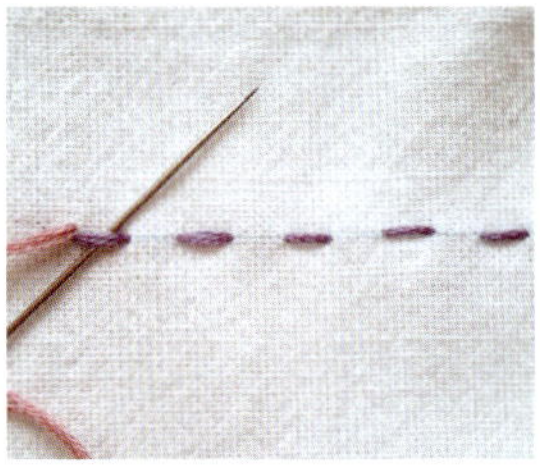

2 러닝 스티치의 첫째 땀 시작 부분에서 바늘을 뺀 후 스티치 밑으로 바늘을 통과하며 휘감습니다.

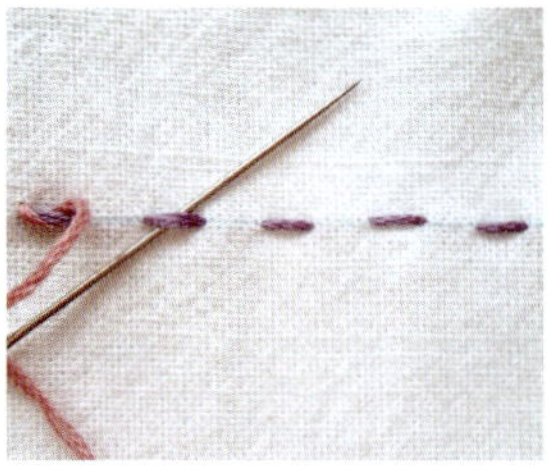

3 계속해서 스티치 밑으로 바늘을 넣고 휘감는 작업을 반복합니다.

4 마지막 땀에 바늘을 넣으며 고정합니다.

10 카우치드 트렐리스 스티치(Couched Trellis Stitch)

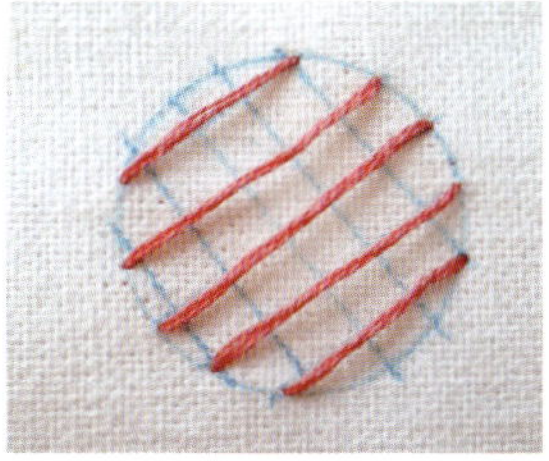

1 스트레이트 스티치로 한쪽 사선을 메웁니다.

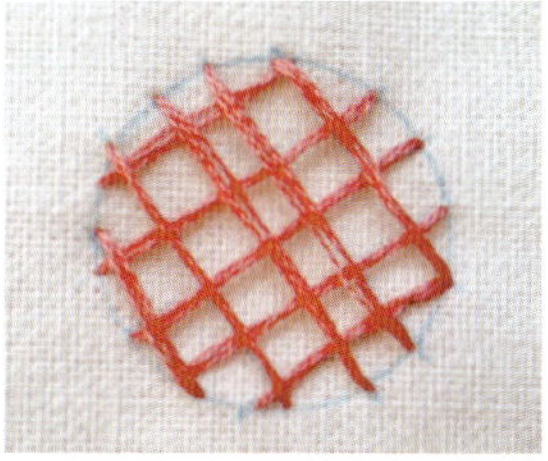

2 이번에는 스트레이트 스티치로 반대 방향의 사선을 메웁니다.

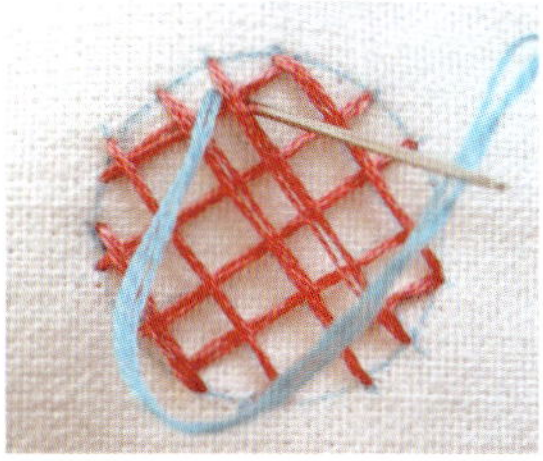

3 색상이 다른 실을 이용하여 스트레이트 스티치의 교차점을 러닝 스티치로 고정시켜줍니다.

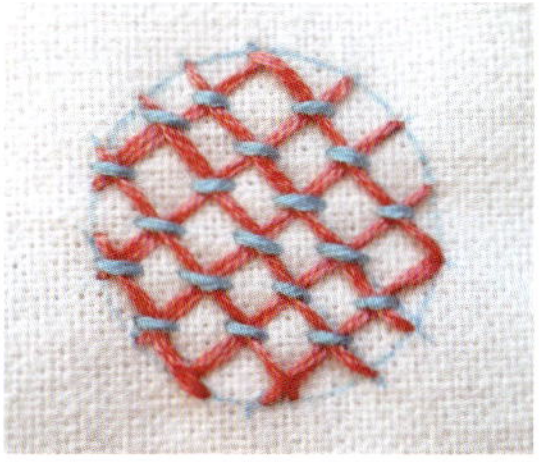

4 카우치드 트렐리스 스티치 완성

11 피스틸 스티치(Pistil Stitch)

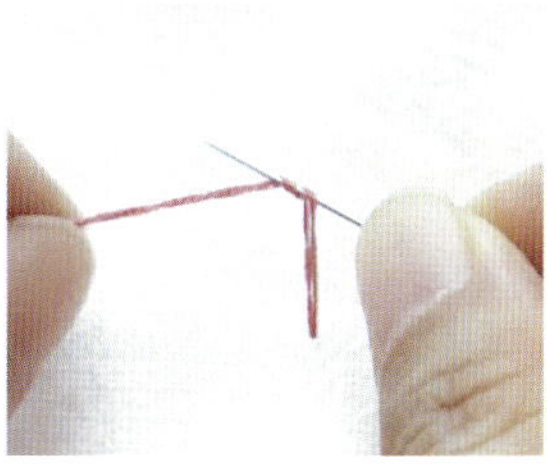

1 원단에서 바늘을 뺀 후 실을 바늘에 2번 감아줍니다.

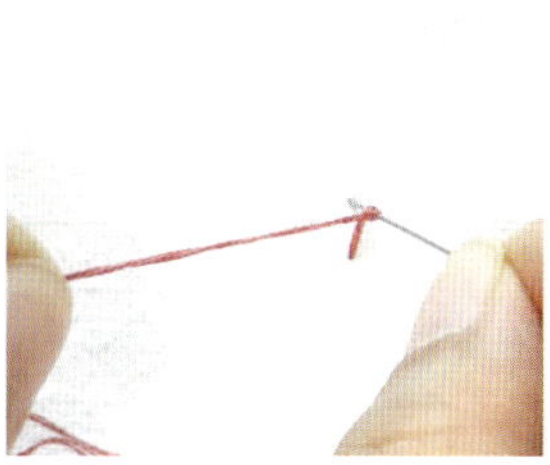

2 원하는 길이의 지점에 바늘을 꽂습니다.

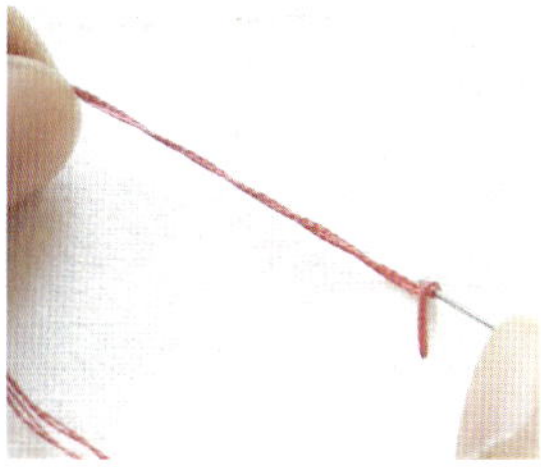

3 왼쪽 손으로 실을 당겨 감은 매듭이 원단에 앉도록 한 후, 바늘을 원단 뒤쪽으로 뺍니다.

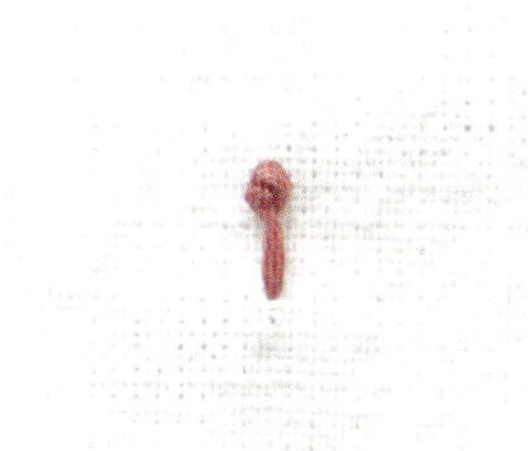

4 피스틸 스티치 완성

12 리프 스티치(Leaf Stitch)

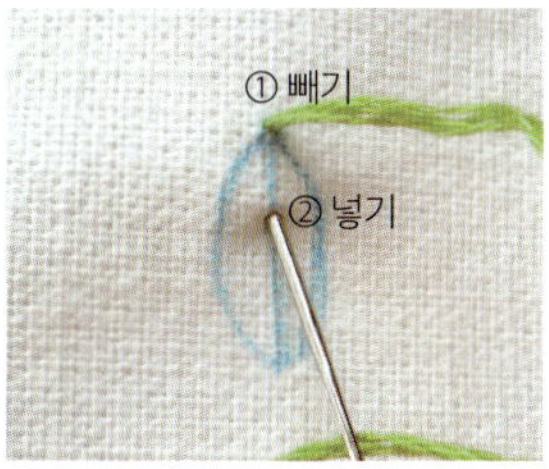

1 나뭇잎의 중심선 끝 ①에서 바늘을 뺀 후 ①의 아래쪽 ②에 바늘을 넣습니다.

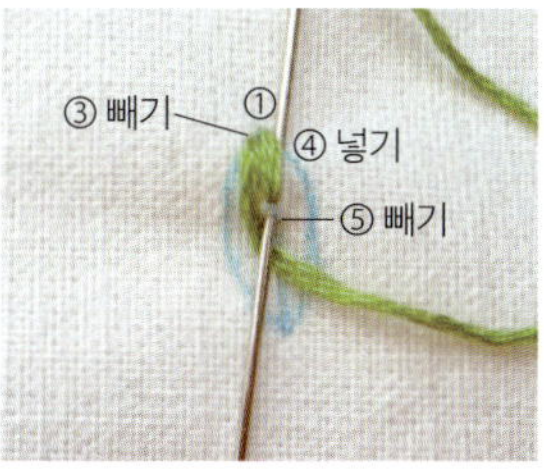

2 ①의 왼쪽 ③에서 바늘을 빼 당기고, ①의 오른쪽 옆 ④에 넣고 중심선 위 ⑤에서 뺀 다음 바늘 밑으로 실을 걸어 당깁니다.

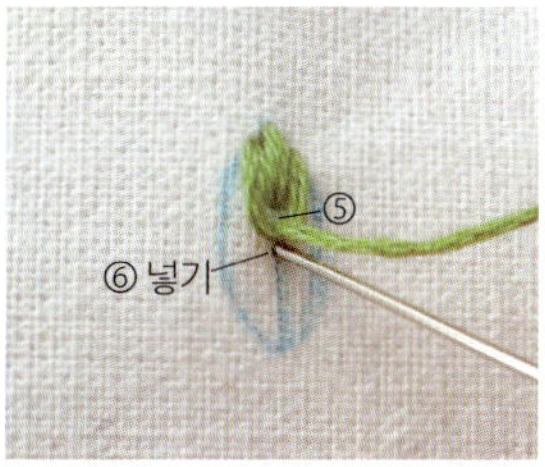

3 바늘을 ⑤ 아래 ⑥에 넣습니다.

4 ③~⑥의 과정을 반복하며 나뭇잎을 채워갑니다.

13 휠 블랭킷 스티치(Wheel Blanket Stitch)

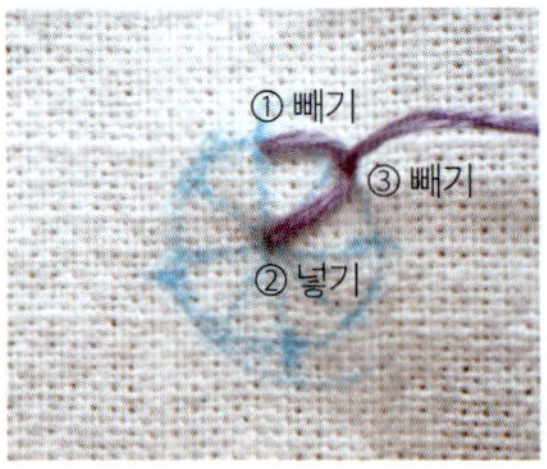

1 ①에서 바늘을 빼고 ②에 넣은 후 실을 걸며 ③에서 바늘을 뺍니다.

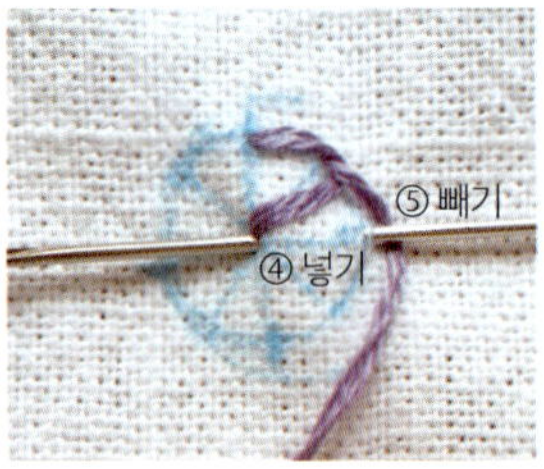

2 바늘을 중심점인 ④에 넣고 ⑤에서 뺍니다. 이때 실을 바늘 아래로 감듯이 걸어줍니다.

3 시계 방향으로 반복하여 수를 놓고 마지막 스티치에서 원단 뒤쪽으로 바늘을 빼내 땀을 고정하며 마무리합니다.

4 휠 블랭킷 스티치 완성

14 헤링본 스티치(Herringbone Stitch)

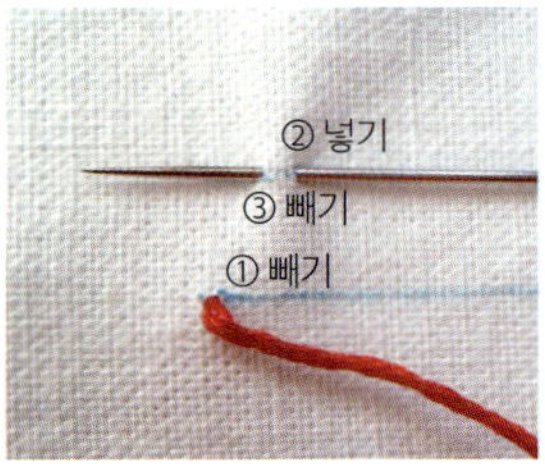

1 ①에서 바늘을 뺀 후 윗줄 ②에 넣고 반 땀 앞 ③에서 뺍니다.

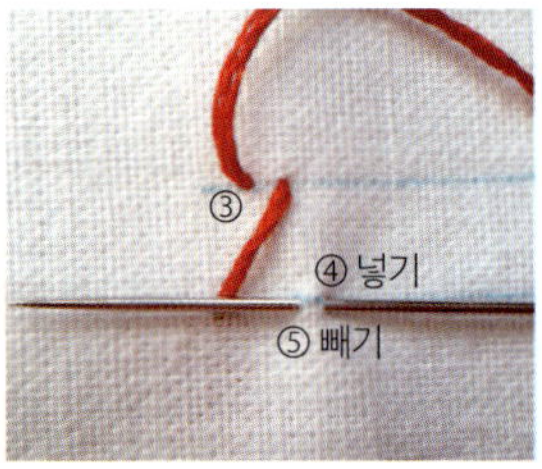

2 ③에서 뺀 바늘을 아랫줄 ④에 넣고 반 땀 앞 ⑤에서 뺍니다.

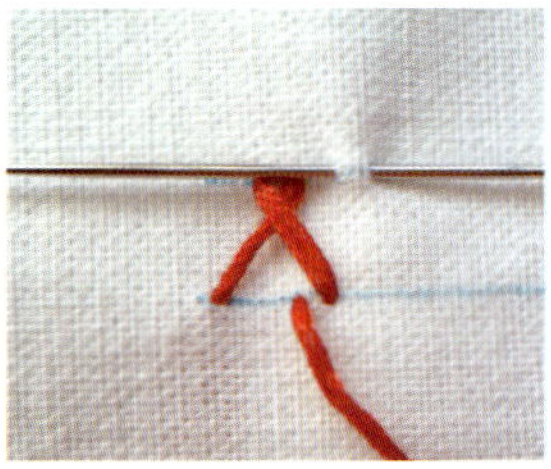

3 ①~⑤를 반복하여 오른쪽 방향으로 수를 놓습니다.

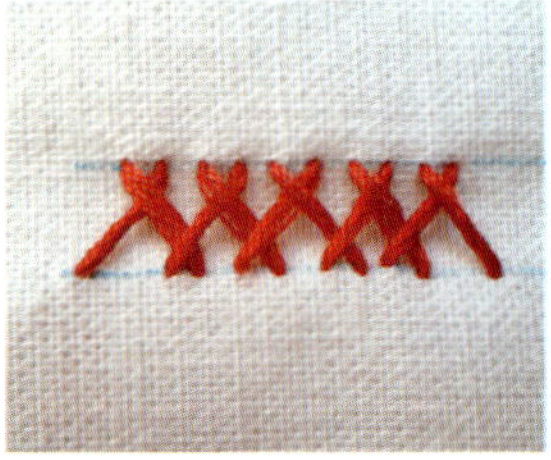

4 헤링본 스티치 완성

15 코럴 스티치(Coral Stitch)

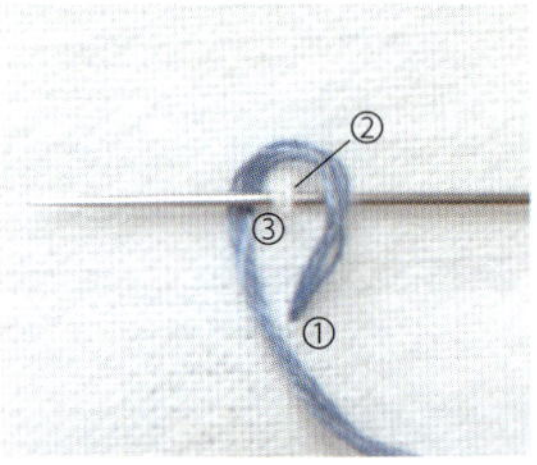

1 ①에서 바늘을 뺀 후 ②에 넣고 바로 옆 ③에서 바늘 끝을 빼고 바늘에 실을 감습니다.

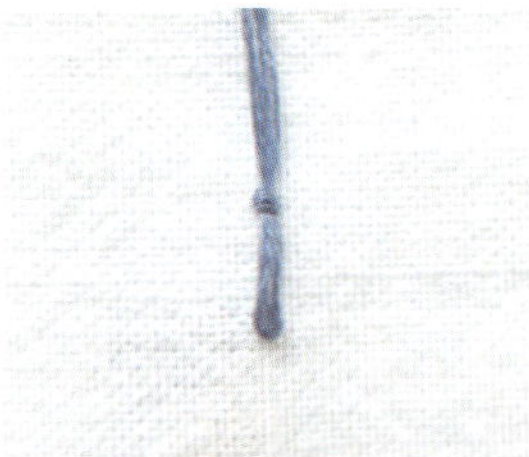

2 바늘을 당겨 빼 매듭 모양을 만듭니다.

3 다시 위쪽에 바늘을 넣고 바로 옆에서 빼면서 실을 감아 당깁니다.

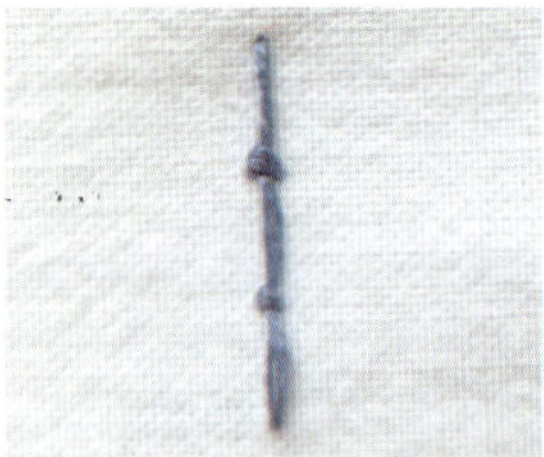

4 코럴 스티치 완성

16 브레이드 스티치(Braid Stitch)

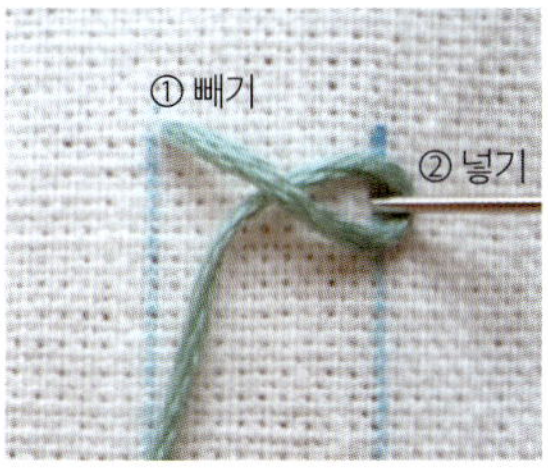

1 ①에서 바늘을 뺀 후 실을 바늘에 감아 돌려서 ②에 넣습니다.

2 ②에서 넣은 바늘을 ③에서 빼되 그림처럼 바늘 아래로 실을 감아서 뺍니다.

3 실을 잡아당겨줍니다.

4 반복하여 스티치를 만들어 갑니다.

5 마지막 스티치에서 원단 뒤로 바늘을 넣어 땀을 고정하며 마무리합니다.

6 브레이드 스티치 완성

17 프리 스티치(Free Stitch)

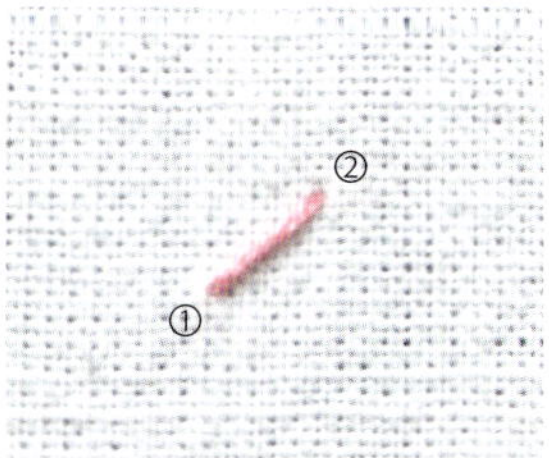

1 ①에서 뺀 바늘을 ②로 넣어 스트레이트 스티치를 수놓습니다.

2 스트레이트 스티치를 반복하여 자유롭게 면을 메워갑니다.

3 프리 스티치는 옆 스티치와 땀이 겹치지 않아야 예쁘게 면이 메워집니다.

18 트위스티드 체인 스티치(Twisted Chain Stitch)

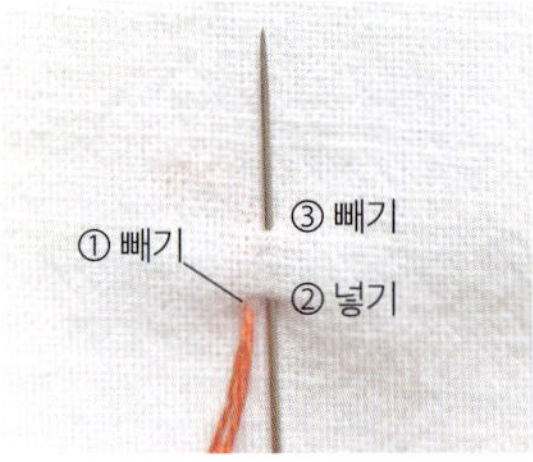

1 ①에서 바늘을 뺀 후 ②에 넣고 ③에서 뺍니다.

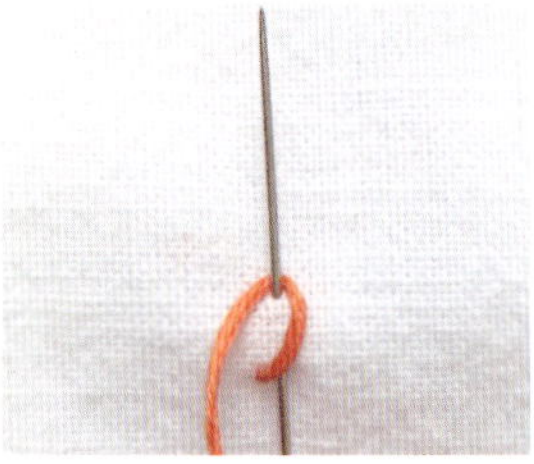

2 바늘에 실을 시계반대방향으로 감아줍니다.

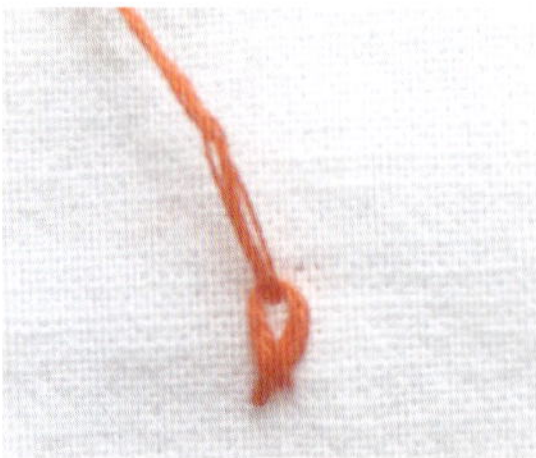

3 실을 빼내어 고리 모양을 만들며 당깁니다.

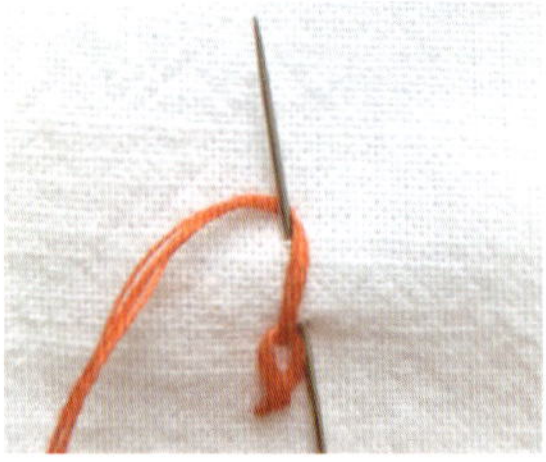

4 고리 옆으로 바늘을 넣고 위쪽으로 바늘 끝을 빼서 실을 감아줍니다.

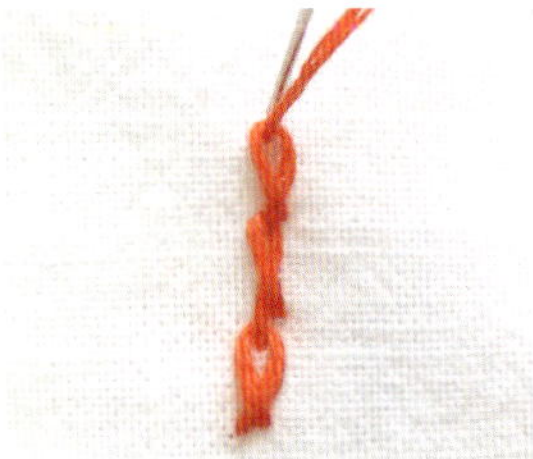

5 원하는 길이만큼 스티치를 반복하여 수놓은 후 고리를 고정합니다.

6 트위스티드 체인 스티치 완성

19 스플리트 스티치(Split Stitch)

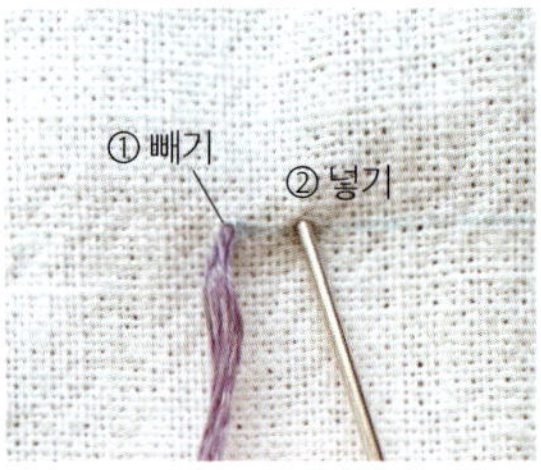

1 ①에서 바늘을 뺀 후 ②에 넣습니다.

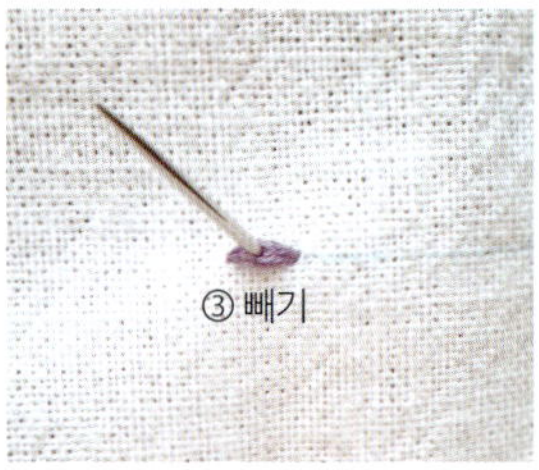

2 ①과 ②로 수놓아진 스티치를 가르며 ③에서 바늘을 뺍니다.

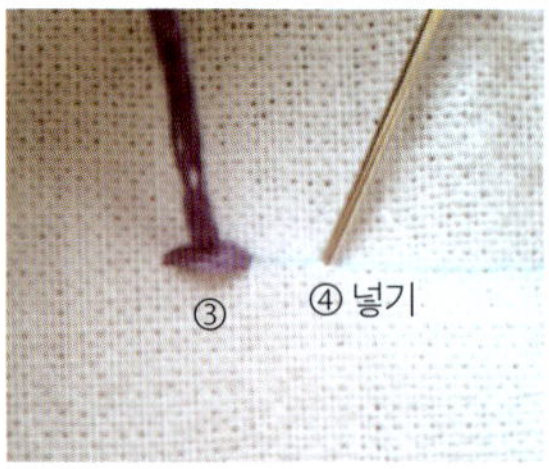

3 ③에서 뺀 바늘을 ④에 넣습니다.

4 ③과 ④로 수놓아진 스티치를 가르며 ⑤에서 바늘을 뺍니다.

5 이 과정을 반복하여 스플리트 스티치를 완성합니다.

20 캐스트온 스티치(Cast-on Stitch)

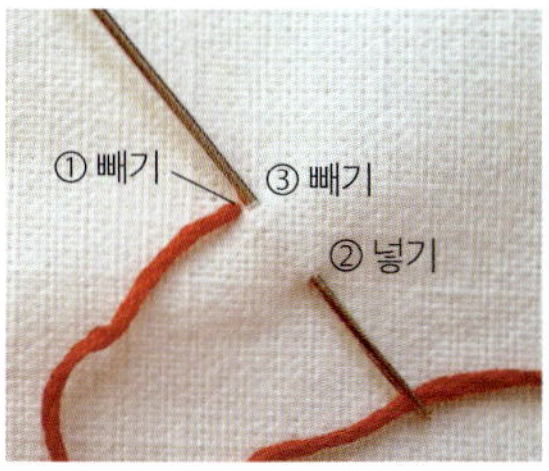

1 ①에서 바늘을 빼어 ②에 넣은 후 ①의 바로 옆 ③에서 바늘 끝을 뺍니다.

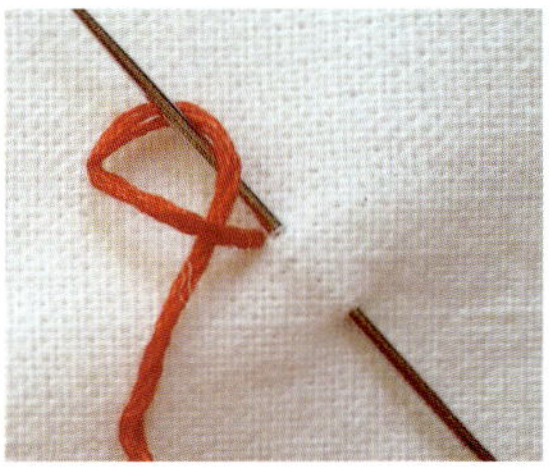

2 사진과 같이 바늘에 실을 감아 걸어줍니다.

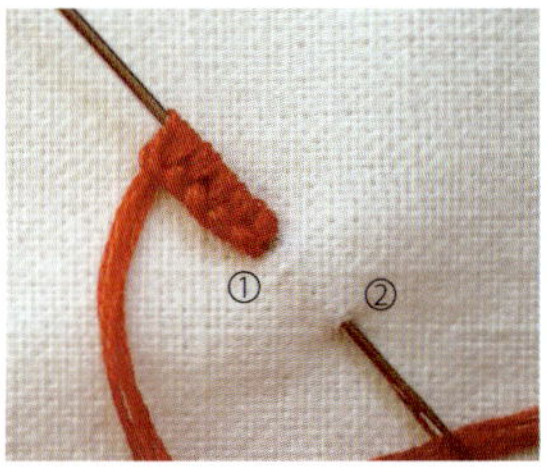

3 ①~②의 길이만큼 반복해서 바늘에 실을 걸어줍니다.

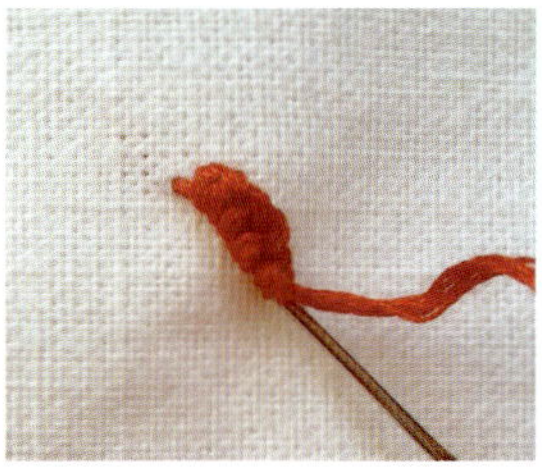

4 바늘을 빼서 스티치를 잡아 당겨가며 모양을 잡아준 후 고정합니다.

01

예쁜 꽃 리본 자수

Work 01

제비꽃 가위 장식

어느 화창한 봄날
산책길에 만난 제비꽃.
가만히 들여다보면 제비꽃은 참 깊고 고운 보랏빛을 머금고 있어요.
보랏빛 실크 리본으로 제비꽃을 수놓아
가위 장식으로 달아주었습니다.

• DESIGN •

리본S(y84/4mm)
리본S(y20/4mm)
프렌치 노트S
d3821(2줄 3번 감기)
리본S(y20/4mm)
아우트라인S
d3346(2)

제비꽃 팬던트 만들기

준비물 원단, 싸개 단추, 리본

• HOW TO MAKE •

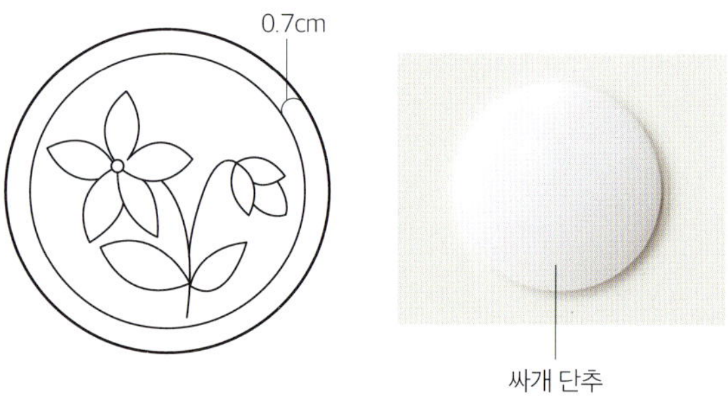

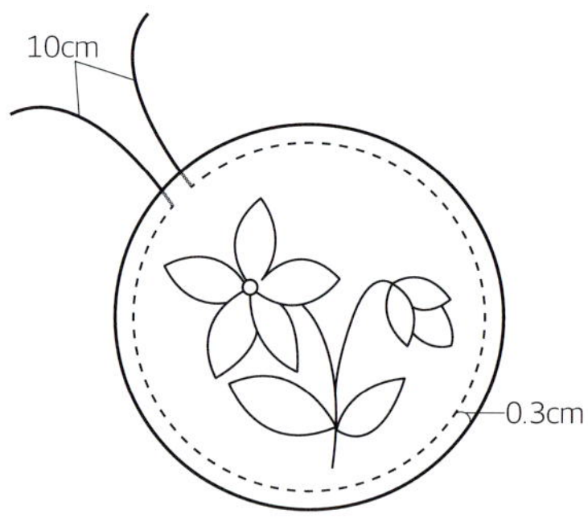

1. 원단에 제비꽃을 수놓은 후, 싸개 단추보다 0.7 cm 크게 잘라줍니다.

2. 원단 끝에서 0.3cm 정도 되는 곳을 둘러가며 홈질하되, 시작 지점과 끝 지점의 실 끝을 10cm 정도 남깁니다.

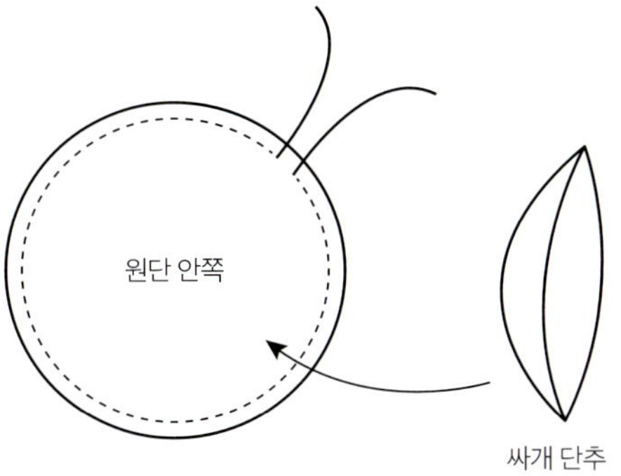

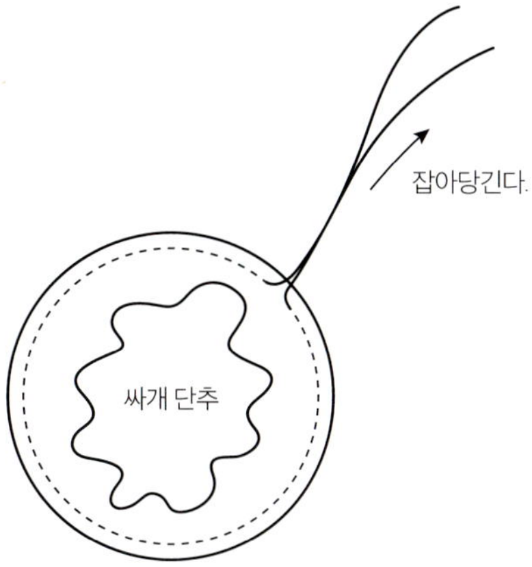

3. 수놓은 원단 안쪽에 싸개 단추의 볼록한 면을 놓아줍니다.

4. 남겨 놓은 실 두 가닥을 잡아당기고 당긴 실을 묶어 매듭을 짓습니다.

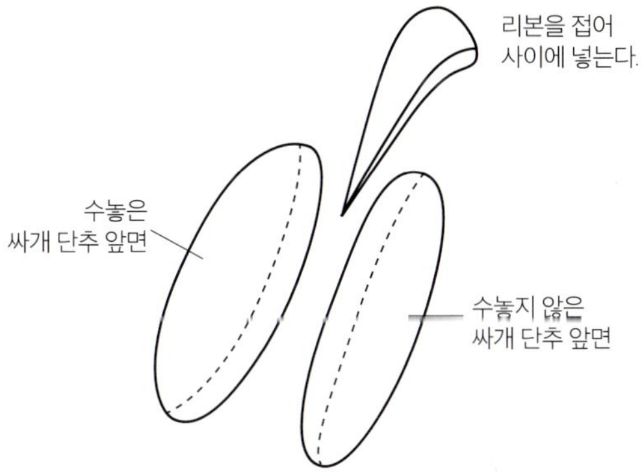

5. 수를 놓지 않은 원단으로 2~4의 방법으로 싸개 단추를 한 개 더 만듭니다.

6. 두 싸개 단추의 뒷면을 마주 보게 하고, 그 사이에 리본을 12cm 정도로 잘라 반으로 접어 끼워넣고, 두 개의 싸개 단추를 공그르기로 붙여 팬던트를 완성합니다.

Work 02

작고 사랑스러운 봄꽃들

엄지공주가 살고 있을 것만 같은 귀여운 튤립,
마음까지 환해지는 노란 꽃이 활짝 피어나고
오종종 이름 모를 들꽃들까지.
리본 자수의 가장 기본적인 스티치들로
작고 사랑스러운 봄꽃들을 수놓아보았어요.

• DESIGN •

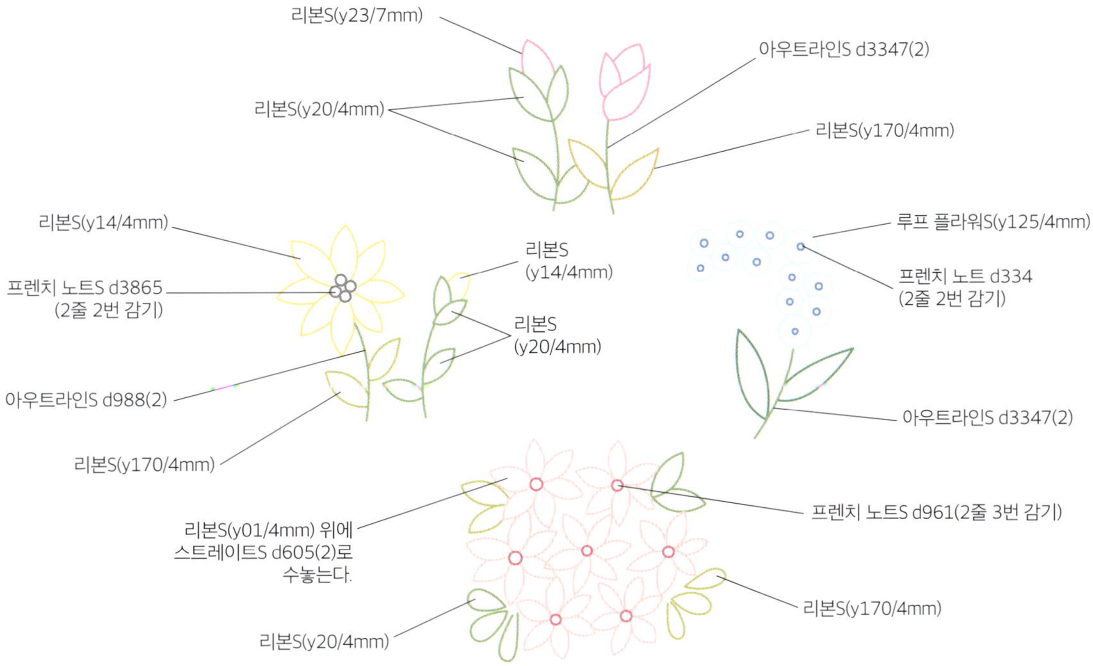

리본S(y23/7mm)
아우트라인S d3347(2)
리본S(y20/4mm)
리본S(y170/4mm)
리본S(y14/4mm)
루프 플라워S(y125/4mm)
리본S
(y14/4mm)
프렌치 노트S d3865
(2줄 2번 감기)
프렌치 노트 d334
(2줄 2번 감기)
리본S
(y20/4mm)
아우트라인S d988(2)
아우트라인S d3347(2)
리본S(y170/4mm)
프렌치 노트S d961(2줄 3번 감기)
리본S(y01/4mm) 위에
스트레이트S d605(2)로
수놓는다.
리본S(y170/4mm)
리본S(y20/4mm)

ROSE

Work 03

몽글몽글 장미 액자

실크 리본에 사랑스러운 분홍색과
싱그러운 초록색을 염색해서
장미꽃을 수놓았어요.
리본을 염색할 때 원하는 느낌으로 색상이 나오면
더없이 행복하답니다.

• DESIGN •

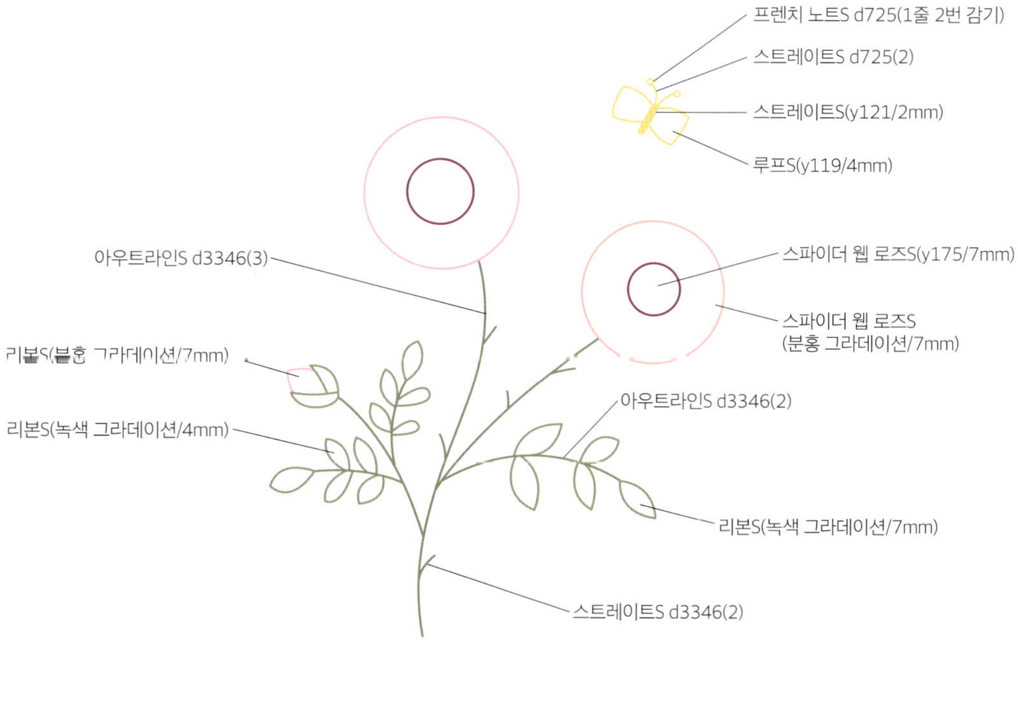
프렌치 노트S d725(1줄 2번 감기)
스트레이트S d725(2)
스트레이트S(y121/2mm)
루프S(y119/4mm)
아우트라인S d3346(3)
스파이더 웹 로즈S(y175/7mm)
스파이더 웹 로즈S
(분홍 그라데이션/7mm)
리본S(분홍 그라데이션/7mm)
아우트라인S d3346(2)
리본S(녹색 그라데이션/4mm)
리본S(녹색 그라데이션/7mm)
스트레이트S d3346(2)

Work 04

장미꽃 브로치

프랑스 자수와 리본 자수의 기본적인 스티치들로 수놓은 장미 브로치.
장미꽃은 프랑스 자수에서도 많이 사용하는 스파이더 웹 로즈 스티치로 수놓았어요.
실크 리본으로 스파이더 웹 로즈 스티치를 수놓으면
더욱 풍성하고 볼륨감 있는 장미를 표현할 수 있어요.
장미 브로치는 좋은 분들에게 전하는 선물용으로도 좋아요.

No.1540-3.5mm

• DESIGN •

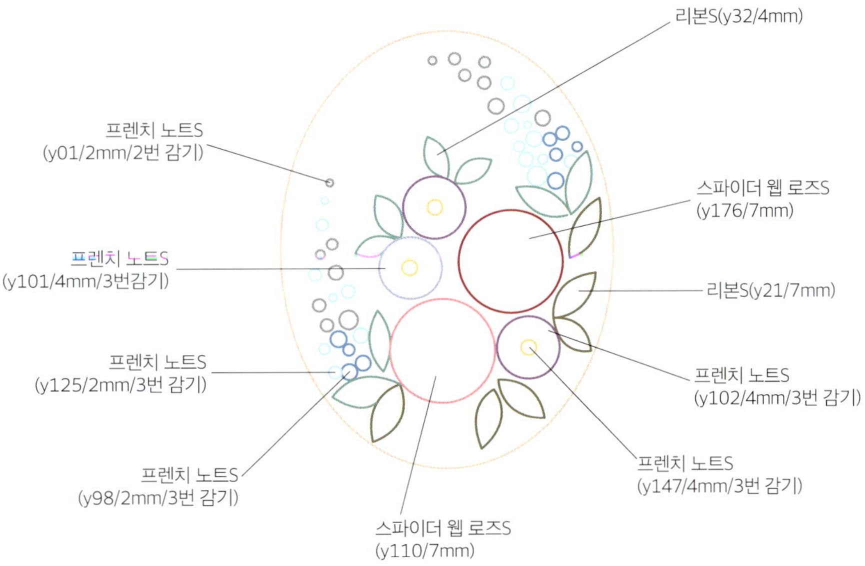
리본S(y32/4mm)
프렌치 노트S
(y01/2mm/2번 감기)
스파이더 웹 로즈S
(y176/7mm)
프렌치 노트S
(y101/4mm/3번감기)
리본S(y21/7mm)
프렌치 노트S
(y125/2mm/3번 감기)
프렌치 노트S
(y102/4mm/3번 감기)
프렌치 노트S
(y98/2mm/3번 감기)
프렌치 노트S
(y147/4mm/3번 감기)
스파이더 웹 로즈S
(y110/7mm)

브로치 만들기

준비물 원단, 브로치 반제품, 수예용 본드

• HOW TO MAKE •

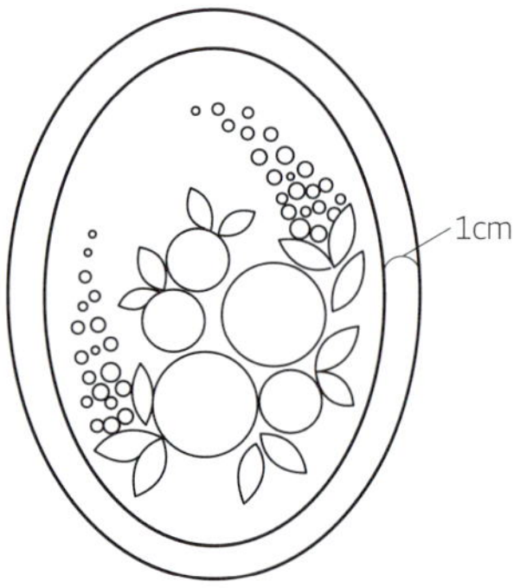

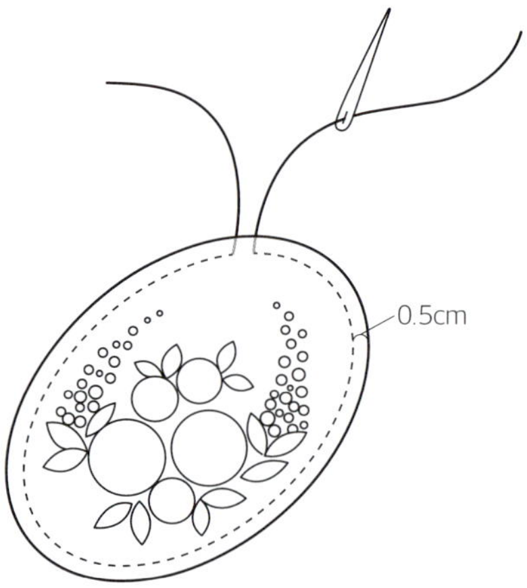

1. 원단에 장미꽃을 수놓은 후 브로치 프레임보다 1cm 크게 잘라줍니다.

2. 원단 끝에서 0.5cm 정도 되는 곳을 둘러가며 홈질하되, 시작 지점과 끝 지점의 실 끝을 10cm 정도 남깁니다.

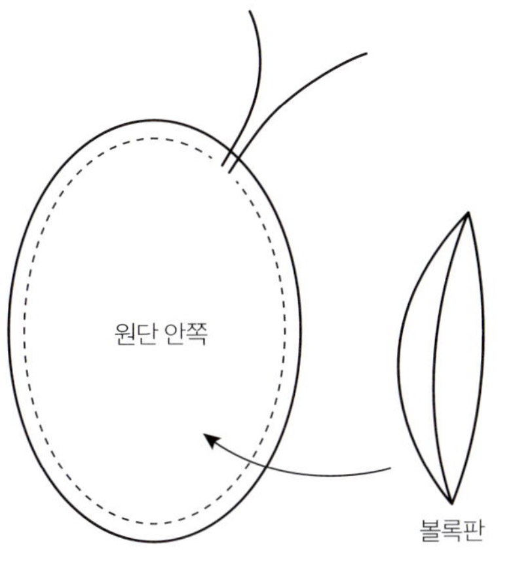

3. 수놓은 원단 안쪽에 브로치 볼록판의 볼록한 면을 놓습니다.

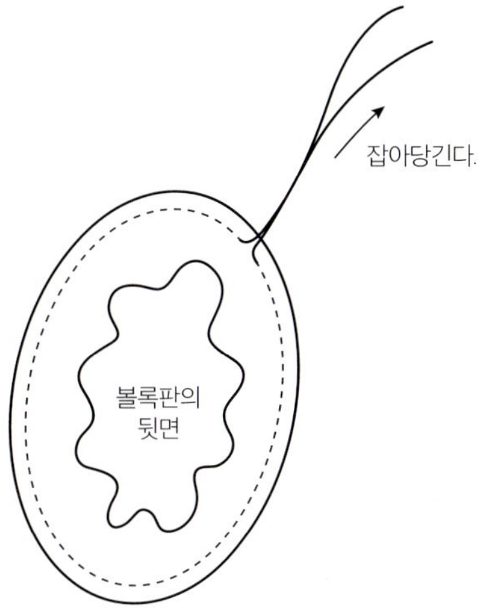

4. 홈질할 때 남긴 실 두 개를 잡아당기고 실을 묶어 매듭짓습니다.

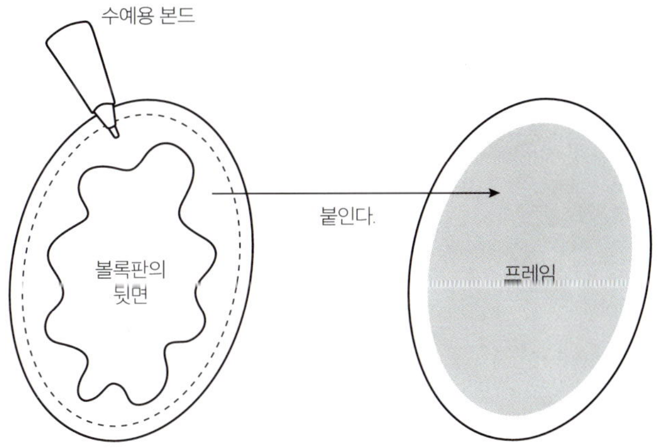

5. 원단을 감싼 볼록판 뒤쪽에 수예용 본드를 바르고, 프레임에 붙여 완성합니다.

Work 05

봄의 선물 벚꽃 액자

눈부시게 파란 봄 하늘을 가득 수놓는 벚꽃.
해마다 봄이 되면
봄이 주는 선물이 너무 찬란하고 아름다워서
감탄하게 되네요.
봄의 선물을 작은 액자에 담아보세요.

• DESIGN •

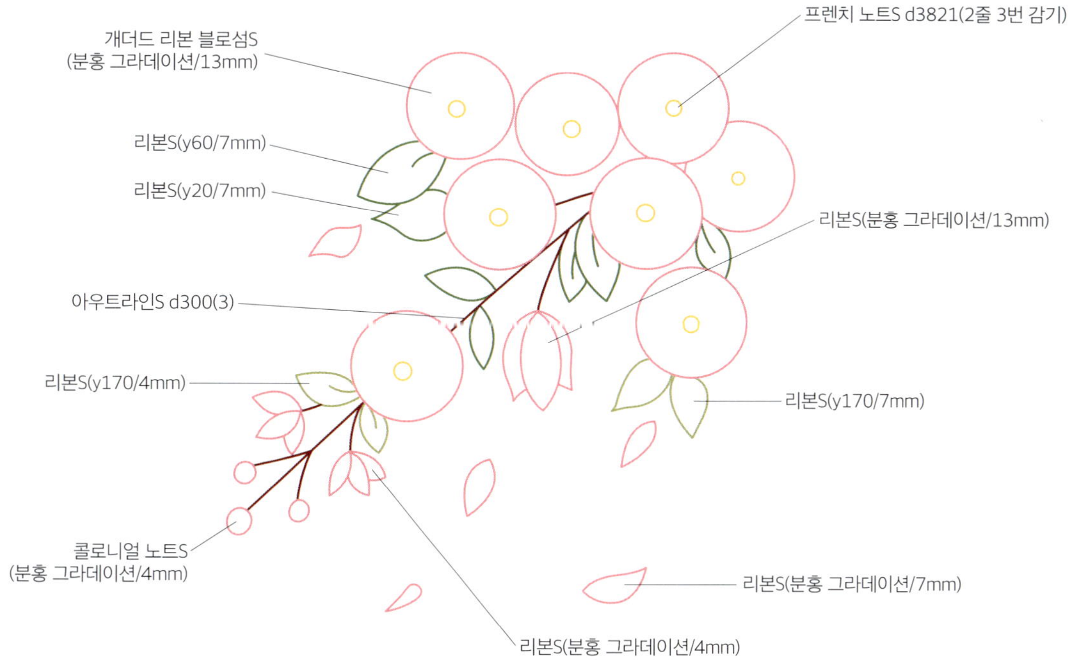
프렌치 노트S d3821(2줄 3번 감기)
개더드 리본 블로섬S
(분홍 그라데이션/13mm)
리본S(y60/7mm)
리본S(y20/7mm)
리본S(분홍 그라데이션/13mm)
아우트라인S d300(3)
리본S(y170/4mm)
리본S(y170/7mm)
콜로니얼 노트S
(분홍 그라데이션/4mm)
리본S(분홍 그라데이션/7mm)
리본S(분홍 그라데이션/4mm)

Work 06

탐스러운 꽃들이 담긴 화병

꽃을 아무리 예쁘게 수놓는다 한들 어찌 생화의 아름다움에 비할 수 있을까요?
하지만 내 손에서 봉긋봉긋 탐스럽게 피어나는 리본 자수 꽃들은
생화를 보는 기쁨 못지않은 듯해요.
다양한 리본 자수 기법들로 나만의 아름다운 꽃들을 수놓아
화병에 담아보세요.

• DESIGN •

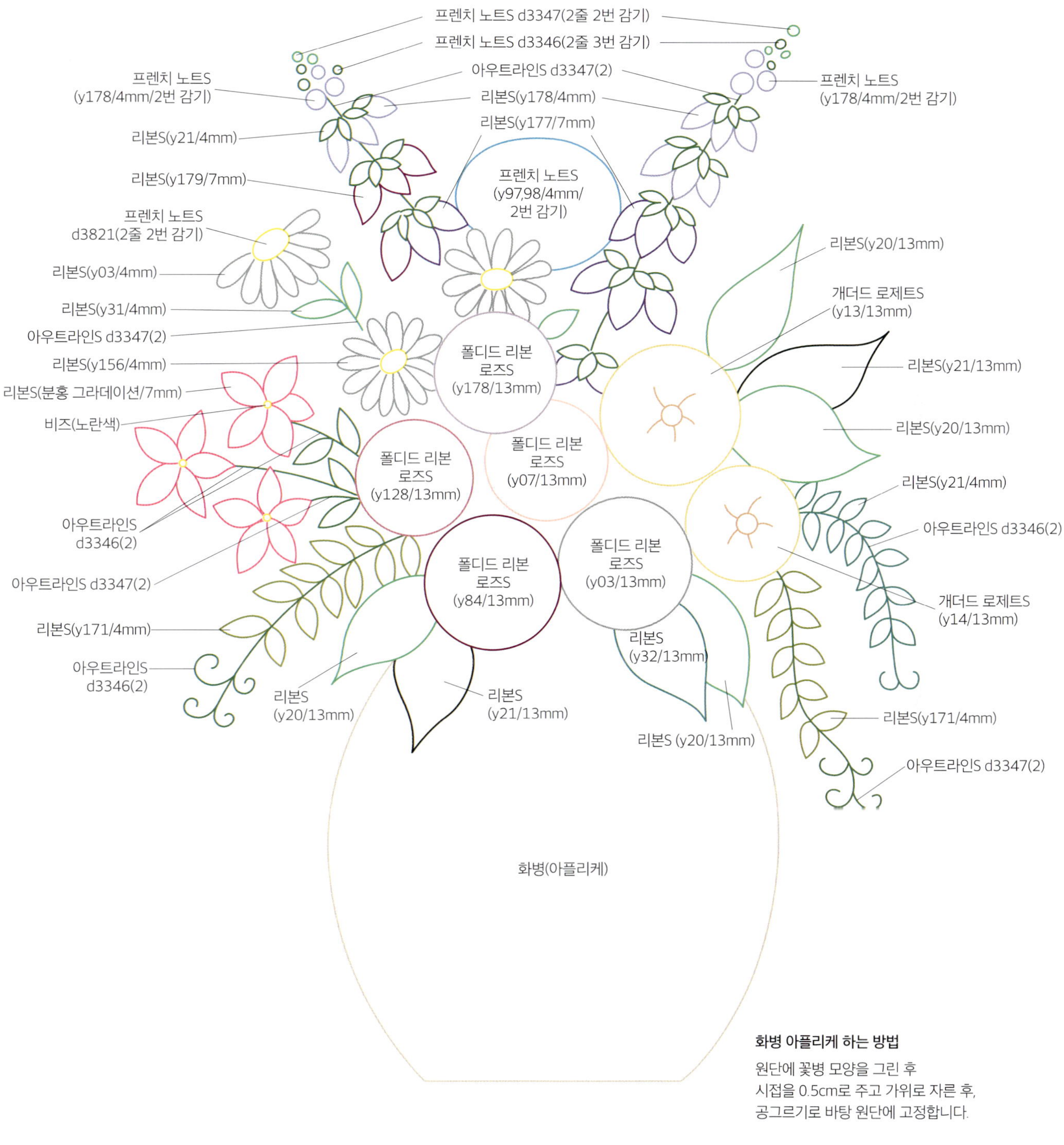

화병 아플리케 하는 방법

원단에 꽃병 모양을 그린 후
시접을 0.5cm로 주고 가위로 자른 후,
공그르기로 바탕 원단에 고정합니다.

Work 07

꽃과 열매 리스

프랑스 자수로 나뭇가지를 수놓아 동그랗게 리스를 만들고,
그 위에 실크 리본으로 장미꽃을 수놓고,
노란 꽃, 하얀 꽃, 파란 꽃도 가득가득 피워내고,
비즈로 탐스러운 열매를 장식합니다.
마치 아름다운 꽃밭에 놀러 온 듯한 기분이 들어요.

리스 테두리 · 아우트라인S d300(3)/d433(3)/d436(3)
· 카우칭S d433(6줄을 1줄로 고정)
· 코럴S(린넨사/밤색/갈색/연갈색)

• DESIGN •

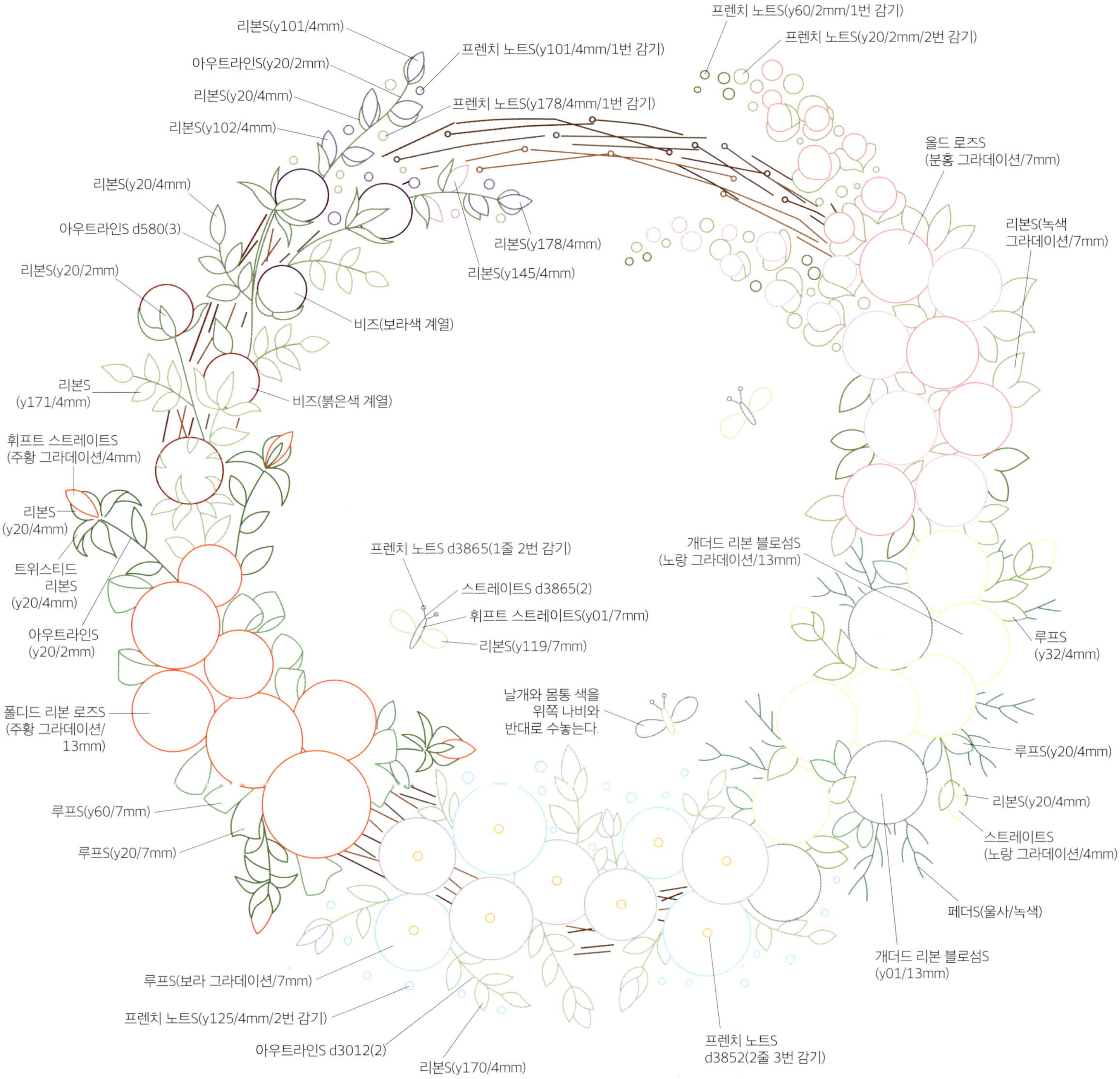

입체 자수로 열매 표현하기

준비물 원단, 비즈, 자수실, 바늘, 방울솜

• HOW TO MAKE •

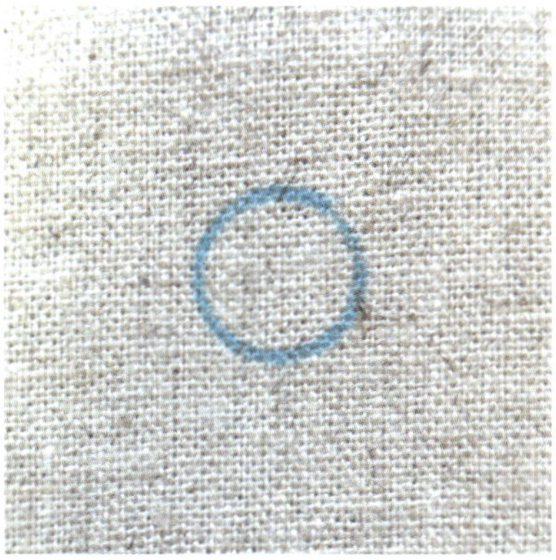

1. 원단에 도안 크기의 원을 그립니다.

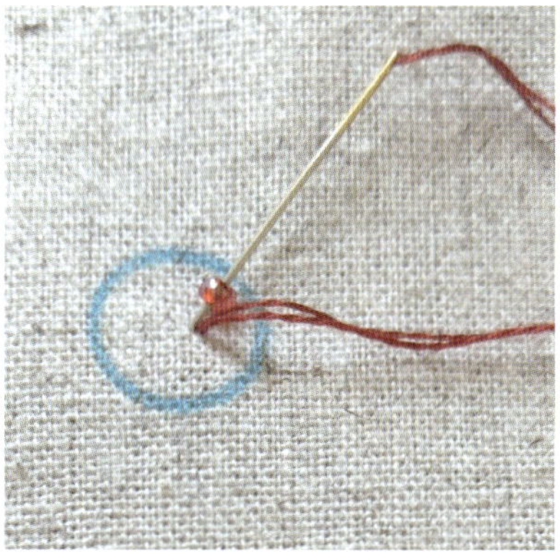

2. 바늘에 비즈를 꿰어 원단에 고정합니다.

3. 2의 방법으로 원을 비즈로 채웁니다.

4. 원의 크기보다 1cm 정도 크게 원단을 잘라낸 후 비즈를 채운 원 주변을 홈질합니다. 홈질을 한 실 양쪽 끝은 길게 남깁니다.

5. 남겨 놓은 실을 살짝 당겨서 원단을 오므린 후 안쪽(비즈로 채운 면의 뒤쪽)에 방울솜을 넣고 실을 당깁니다.

6. 입체 열매 자수가 완성되었습니다.

02

사랑스러운
꽃과 소녀 자수

Work 08

화관을 쓴 꽃의 요정

하늘하늘 바람결 같은,
살포시 피어오르는 안개 같은.
어느 초여름 새벽녘
호숫가에서 마주칠 것만 같은 꽃의 요정

• DESIGN •

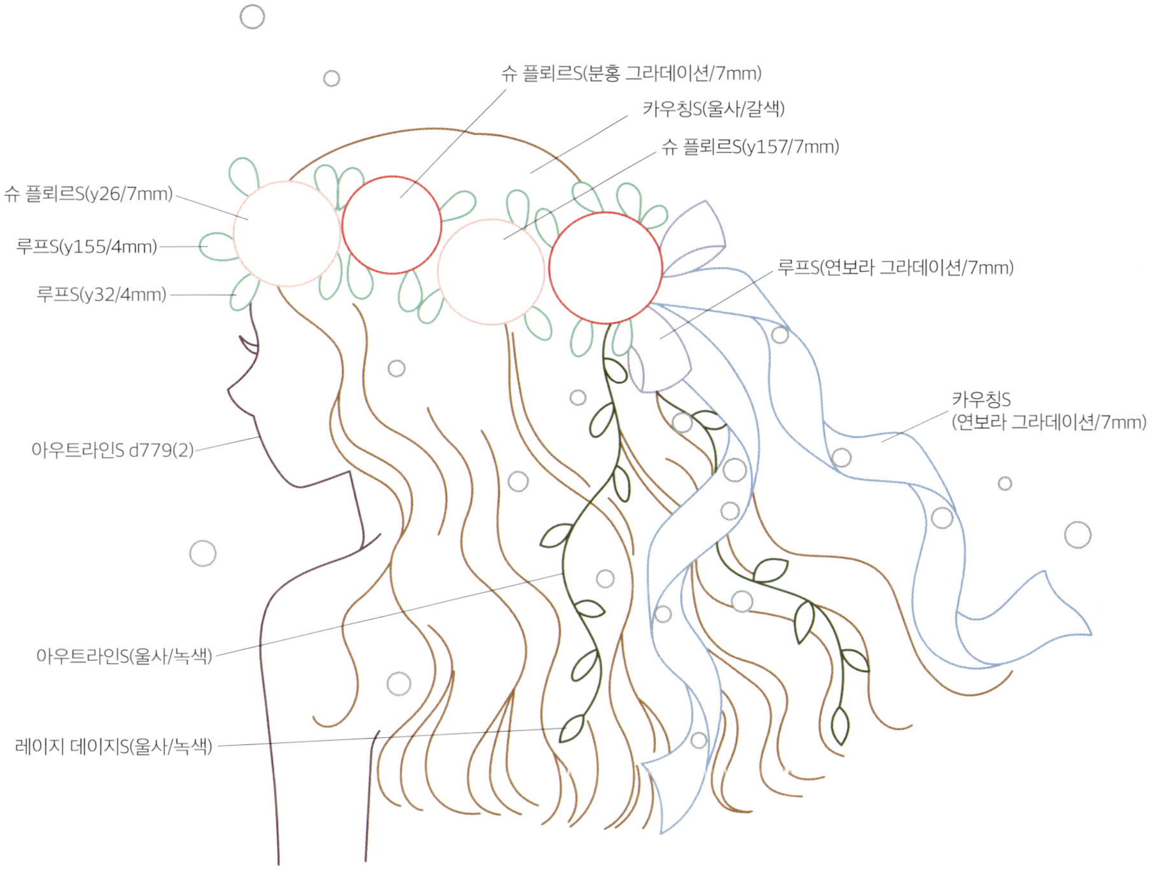

* 스티치를 수놓은 후 비즈와 레이스로 장식합니다.

Work 09

해바라기와 잠자리,
그리고 소녀

진노랑, 연노랑, 밝은 노랑.
노란색 실크 리본으로 해바라기를 수놓았어요.
뽀로롱..
하늘에는 빨간 고추잠자리가 날아다니고,
소녀는 오늘도 행복합니다.

• DESIGN •

잠자리 눈 : 프렌치 노트S d801(2줄 2번 감기)
날개 : 리본S(y125/2mm)
몸통 : 체인S d816(3)
리본S(노란색 그라데이션/7mm)
아웃트라인S d801(1)
아웃트라인S d433(2)
러닝S d801(1)
카우치드 트렐리스S
d433(2)를 d434(2)로 고정
리본S(y72/13mm)
리본S(y156/4mm)
아웃트라인S(y72/2mm)
리본S(y14/4mm)
아웃트라인S d3772(2)
아웃트라인S d434(2)
카우치드 트렐리스S
d434(2)를 d433(2)로 고정
카우치드 트렐리스S
3772(2)를 434(2)로 고정
아웃트라인S(y20/2mm)
리본S(y20/7mm)
리본S(y20/7mm)
아웃트라인S(y20/2mm)

• DESIGN •

아우트라인S d433(3)
스플리트S d435(3)
아우트라인S d779(3)
새틴S d779(3)
아우트라인S d779(2)
아우트라인S d760(2)
아우트라인S d932(3)
아우트라인 필링S d932(3)
아우트라인S d3841(1)

• DESIGN •

리본S(y13/4mm)
아우트라인S d3772(2)
카우치드 트렐리스S d3772(2)를
d434(2)로 고정
아우트라인S(y72/2mm)
리본S(y20/7mm)
리본S(y15/7mm)
아우트라인S d434(2)
카우치드 트렐리스S d434(2)를
d433(2)로 고정

Work 10

수국 꽃다발을 든 소녀

리본 자수로 수국을 수놓아
소녀에게 살포시 안겨주었어요.
소녀의 머리를 밝은 노란색으로 수놓았더니
유럽 골목 어디에선가 우연히 마주칠 것 같은
소녀가 되었네요.

• DESIGN •

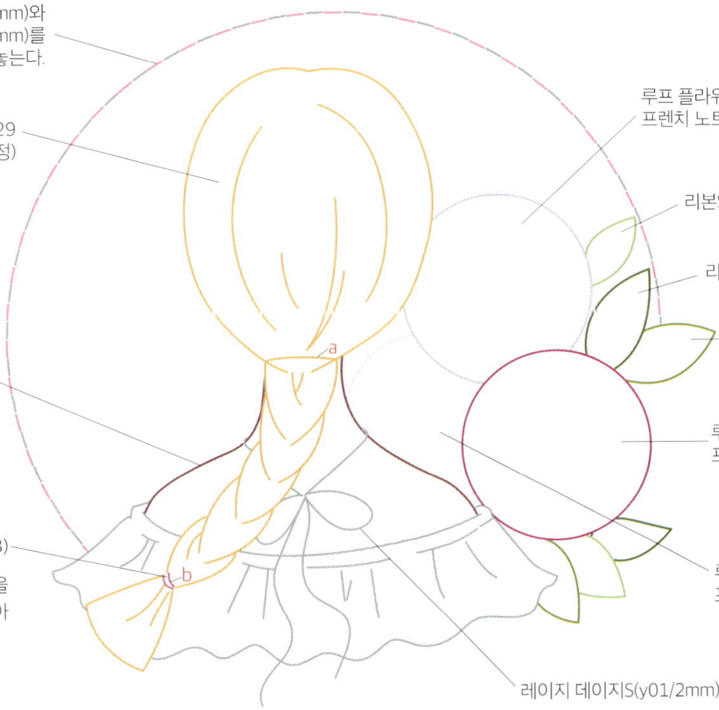

러닝S(y178/2mm)와
러닝S(y01/2mm)를
번갈아가며 수놓는다.
카우칭S d729
(3줄을 1줄로 고정)
아우트라인 d779(2)
카우칭S d3836(3)
* 머리를 카우칭 스티치 했던 729번 3가닥을 a에 길게 남기고, 남긴 실을 세 갈래로 땋아서 b에 카우칭 스티치로 고정한다.
a
b
루프 플라워S(y101/4mm)
프렌치 노트S d3755(2줄 2번 감기)
리본S(y20/13mm)
리본S(y72/13mm)
리본S(y171/13mm)
루프 플라워S(y102/4mm)
프렌치 노트S d152(2줄 2번 감기)
루프 플라워S(y163/4mm)
프렌치 노트 d745(2줄 2번 감기)
레이지 데이지S(y01/2mm)

HOTEL
ADRESSE
Mademoiselle

Work 11

꽃 모자를 쓴 빨강머리 앤

빨강머리 앤의 모자에
작고 귀여운 꽃들을 수놓았어요.
앤처럼 꽃 모자 쓰고 산들산들
소풍 떠나고 싶어지네요.

• DESIGN •

아우트라인S d436(2)
러닝 프렌치 노트 콤비네이션S (y157/4mm)
러닝 프렌치 노트 콤비네이션S (y175/4mm)
러닝 프렌치 노트 콤비네이션S (y103/4mm)
루프S(y147/4mm)
레이지 데이지S d3821(3)
스트레이트S(울사/갈색)
아우트라인S d779(2)
프리S d208(3)
아우트라인S d208(2)
휘프트 러닝S d3865(2)를 d208(2)로 감기
프렌치 노트S(y01/2mm/2번 감기)
프렌치 노트S(y126/2mm/2번 감기)
리본S(y155/4mm)
리본S(y32/4mm)
프렌치 노트S(울사/갈색)

Work 12

머리를 땋은 소녀

별처럼,
나비처럼,
곱디고운 꿈처럼
소녀의 머리 위로 꽃들이
살포시 내려앉았네요.

소녀 머리 수놓기

❶ 머리 평면 부분은 아우트라인 필링 스티치로 수놓는다.

❷ 땋은 머리를 수놓을 울사를 약 10cm 정도로 잘라 준비한다.

❸ 자른 실을 매듭지은 후 바늘에 꿰어 그림의 a 부분에 심듯이 고정하고 늘어뜨린다.

❹ 늘어뜨린 울사를 세 갈래로 나누어 땋는다.

❺ b 지점까지 땋은 후 땋은 울사를 카우칭 스티치로 고정한다.

* 소녀의 옷은 검정색 패브릭 마카나 패브릭 물감으로 채색한 후 메탈릭 이펙트사를 이용해 수놓습니다.
* 스티치를 완성한 후 장식 참을 귀걸이로 달아줍니다.

• DESIGN •

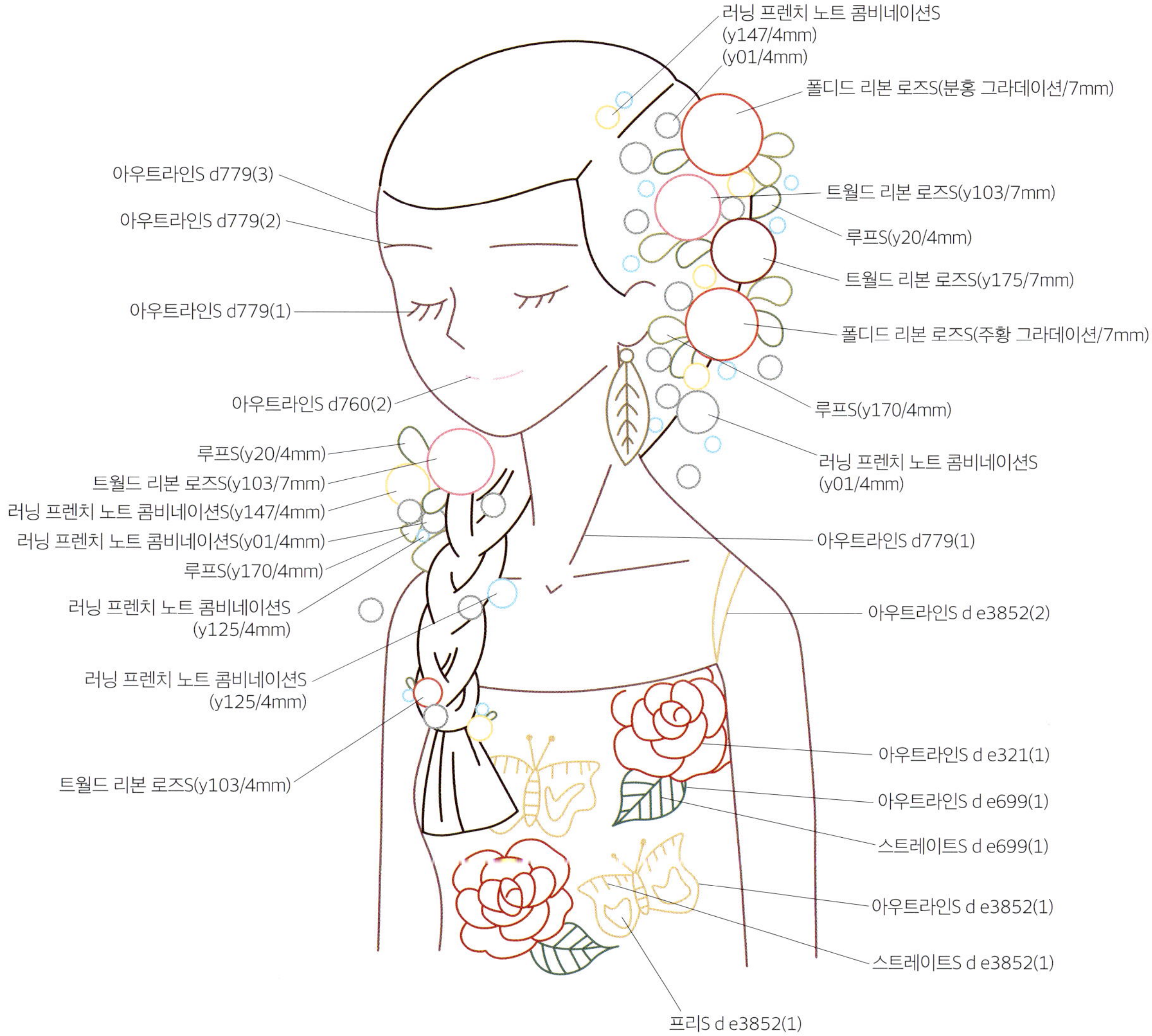

러닝 프렌치 노트 콤비네이션S (y147/4mm) (y01/4mm)
폴디드 리본 로즈S(분홍 그라데이션/7mm)
트월드 리본 로즈S(y103/7mm)
루프S(y20/4mm)
트월드 리본 로즈S(y175/7mm)
폴디드 리본 로즈S(주황 그라데이션/7mm)
루프S(y170/4mm)
러닝 프렌치 노트 콤비네이션S (y01/4mm)
아우트라인S d779(1)
아우트라인S d e3852(2)
아우트라인S d e321(1)
아우트라인S d e699(1)
스트레이트S d e699(1)
아우트라인S d e3852(1)
스트레이트S d e3852(1)
프리S d e3852(1)
아우트라인S d779(3)
아우트라인S d779(2)
아우트라인S d779(1)
아우트라인S d760(2)
루프S(y20/4mm)
트월드 리본 로즈S(y103/7mm)
러닝 프렌치 노트 콤비네이션S(y147/4mm)
러닝 프렌치 노트 콤비네이션S(y01/4mm)
루프S(y170/4mm)
러닝 프렌치 노트 콤비네이션S (y125/4mm)
러닝 프렌치 노트 콤비네이션S (y125/4mm)
트월드 리본 로즈S(y103/4mm)

Work 13

보라색 모자를 쓴 소녀

지그시 눈을 감고 꿈꾸는 듯한 소녀,
꽃향기에 설레고 있는 걸까요.
아니면 좋아하는 사람을 생각하고 있는 걸까요.
프랑스 자수의 입체 자수 기법으로 모자를 수놓고
실크 리본으로 작은 장미꽃을 장식했더니
근사한 모자가 완성되었어요.

• DESIGN •

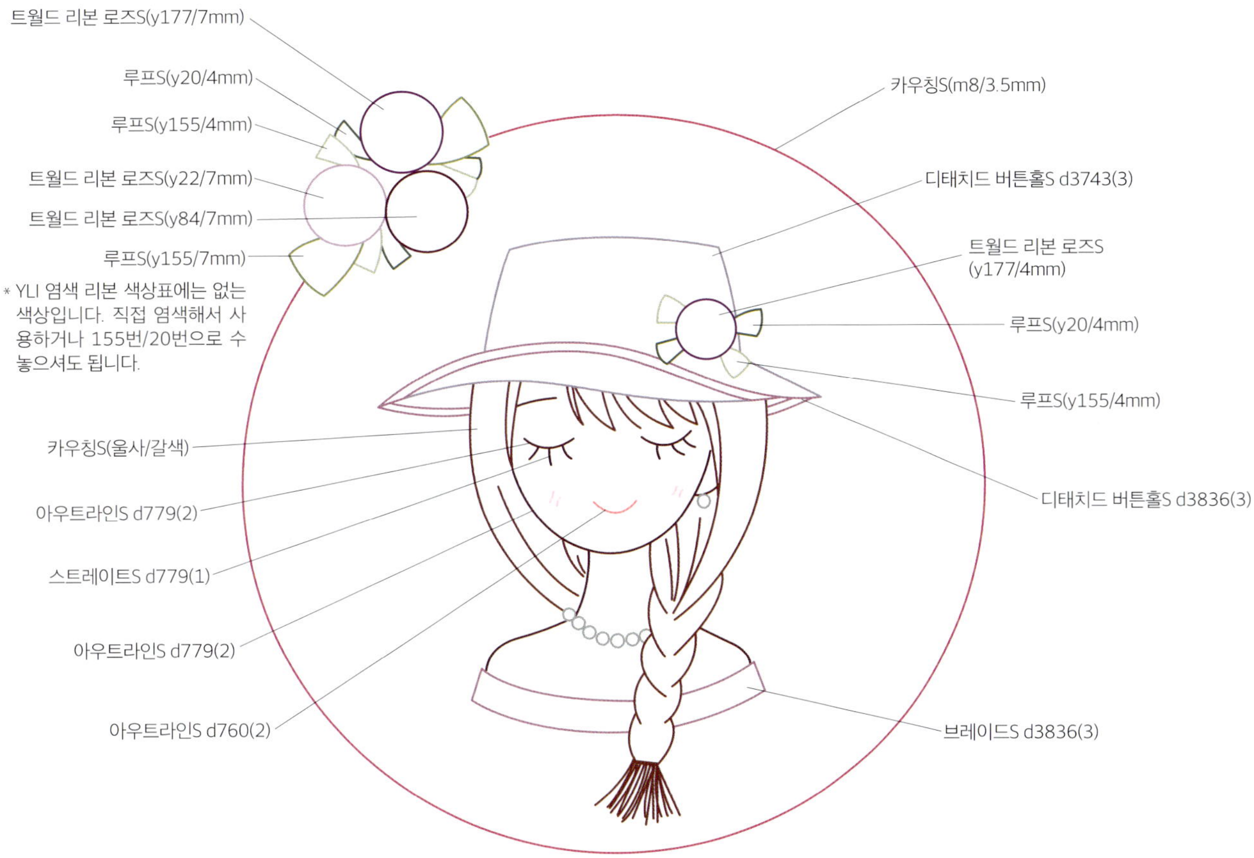

* YLI 염색 리본 색상표에는 없는 색상입니다. 직접 염색해서 사용하거나 155번/20번으로 수놓으셔도 됩니다.

울사로 머리 땋기

❶ 울사를 적당한 길이로 잘라 a 부분에 심듯이 고정하여 늘어뜨린 다음, 늘어뜨린 울사를 b 라인까지 카우칭 스티치로 수놓는다.
❷ 울사를 적당한 길이로 잘라 c와 d 부분에 심듯이 고정한다. 고정한 울사를 늘어 뜨린 후 세 갈래로 나누어 땋아준다.
❸ 땋은 머리를 e에서 카우칭 스티치로 고정한다.

* 스티치를 수놓은 후 비즈로 장식합니다.

입체 모자 수놓기
(디태치드 버튼홀 스티치)

이 책에 나온 소녀들의 모자는 심지를 넣은 디태치드 버튼홀 스티치를 이용하여 수놓았습니다. 조금은 난이도가 있는 기법이므로, 입체 자수가 어려운 분들은 체인 스티치나 아우트라인 필링 스티치로 수놓아주세요.

1. 모자 둘레에 백 스티치로 토대가 되는 수를 놓습니다.

2. 백 스티치 왼쪽 끝에서 바늘을 빼내어 첫 땀에 바늘을 통과시키며 버튼홀 스티치를 수놓습니다.

3. 오른쪽 끝에서 마지막 백 스티치 땀으로 바늘을 빼냅니다.

4. 빼낸 바늘을 아랫단의 땀에 넣은 후 왼쪽 끝의 땀에 바늘을 넣어 실을 걸칩니다.

5. 바늘을 빼낸 다음 아래쪽 땀으로 바늘을 다시 뺍니다.

6. 첫째 줄의 버튼홀 스티치 땀과 걸쳐있는 실을 함께 떠서 버튼홀 스티치를 수놓습니다. 왼쪽에서 오른쪽으로 버튼홀 스티치를 수놓은 후, 나머지 단도 같은 방법으로 메워줍니다.

7. 방울솜을 적당량 넣어 부피감을 줍니다.

8. 맨 아랫단의 버튼홀 땀과 토대로 수놓은 백 스티치 땀을 함께 떠서 고정합니다.

9. 모자의 윗부분이 완성되었습니다.

10. 모자 아랫부분은 왼쪽 첫 땀에서 바늘을 빼내어 버튼홀 스티치를 수놓습니다.

11. 오른쪽 끝에서 스티치가 끝나면 바늘을 첫 땀 끝부분으로 넣은 후 아래로 빼냅니다.

12. 첫째 줄의 버튼홀 스티치 땀과 걸쳐있는 땀을 함께 버튼홀 스티치로 수놓습니다.

13. 오른쪽 끝까지 버튼홀 스티치를 수놓은 후 바늘을 뒤로 빼냅니다.

14. 자수사 색상을 바꾸어 오른쪽 아래 끝에서 바늘을 빼냅니다.

15. 왼쪽 끝의 땀에 바늘을 넣어 빼서 실이 걸쳐지게 한 후 윗부분의 버튼홀 스티치와 걸쳐있는 실을 함께 버튼홀 스티치로 수놓습니다.

16. 같은 방법으로 수를 놓아 오른쪽 옆 부분을 완성합니다.

17. 왼쪽 옆 부분도 같은 방법으로 수놓습니다.

18. 모자 윗부분 아래쪽 끝의 땀을 이용하여 버튼홀 스티치를 수놓습니다.

19. 3, 4번의 방법으로 실을 걸치고, 위의 버튼홀 스티치 땀과 함께 버튼홀 스티치를 수놓습니다.

20. 마지막 두 땀(줄)이 남을 때까지 버튼홀 스티치로 채웁니다.

21. 자수사 색상을 바꾸고, 다시 심지를 넣은 버튼홀 스티치(실을 걸친 후 위쪽 버튼홀 땀과 함께 스티치)를 수놓습니다.

22. 모자 챙 부분이 입체적으로 완성되었습니다.

23. 마지막으로 챙의 끝부분을 살짝 들어 올려 고정시켜줍니다.

Work 14

소녀의 정원에서

소녀의 정원에
프랑스 자수와 리본 자수로 수놓은
온갖 꽃들이 피어났어요.
아름다운 꽃밭의 추억처럼
당신의 오늘이 행복하기를.

• DESIGN •

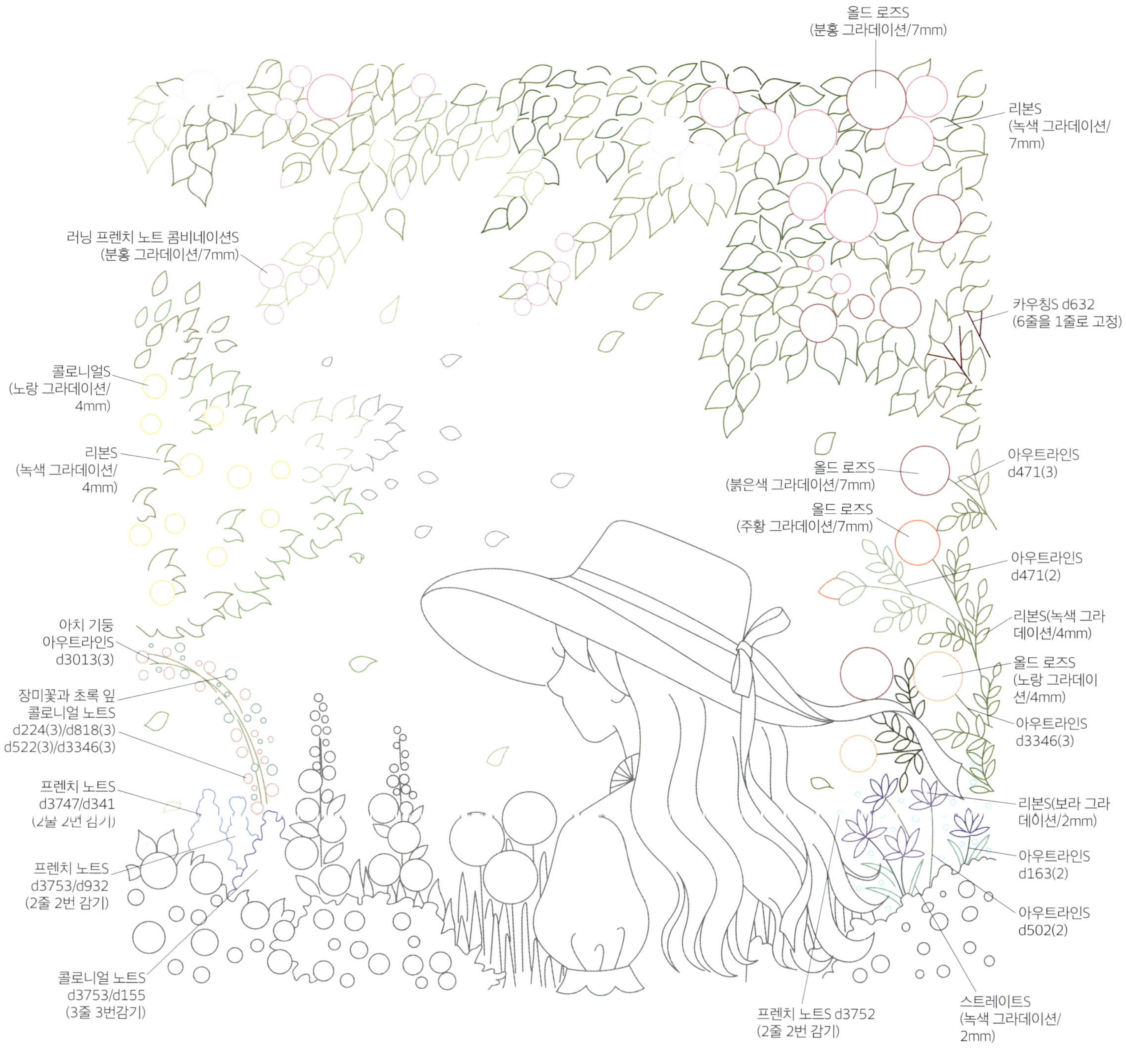
올드 로즈S
(분홍 그라데이션/7mm)
리본S
(녹색 그라데이션/
7mm)
러닝 프렌치 노트 콤비네이션S
(분홍 그라데이션/7mm)
카우칭S d632
(6줄을 1줄로 고정)
콜로니얼S
(노랑 그라데이션/
4mm)
리본S
(녹색 그라데이션/
4mm)
올드 로즈S
(붉은색 그라데이션/7mm)
아우트라인S
d471(3)
올드 로즈S
(주황 그라데이션/7mm)
아우트라인S
d471(2)
리본S(녹색 그라
데이션/4mm)
아치 기둥
아우트라인S
d3013(3)
올드 로즈S
(노랑 그라데이
션/4mm)
장미꽃과 초록 잎
콜로니얼 노트S
d224(3)/d818(3)
d522(3)/d3346(3)
아우트라인S
d3346(3)
프렌치 노트S
d3747/d341
(2줄 2번 감기)
리본S(보라 그라
데이션/2mm)
프렌치 노트S
d3753/d932
(2줄 2번 감기)
아우트라인S
d163(2)
아우트라인S
d502(2)
콜로니얼 노트S
d3753/d155
(3줄 3번감기)
프렌치 노트S d3752
(2줄 2번 감기)
스트레이트S
(녹색 그라데이션/
2mm)

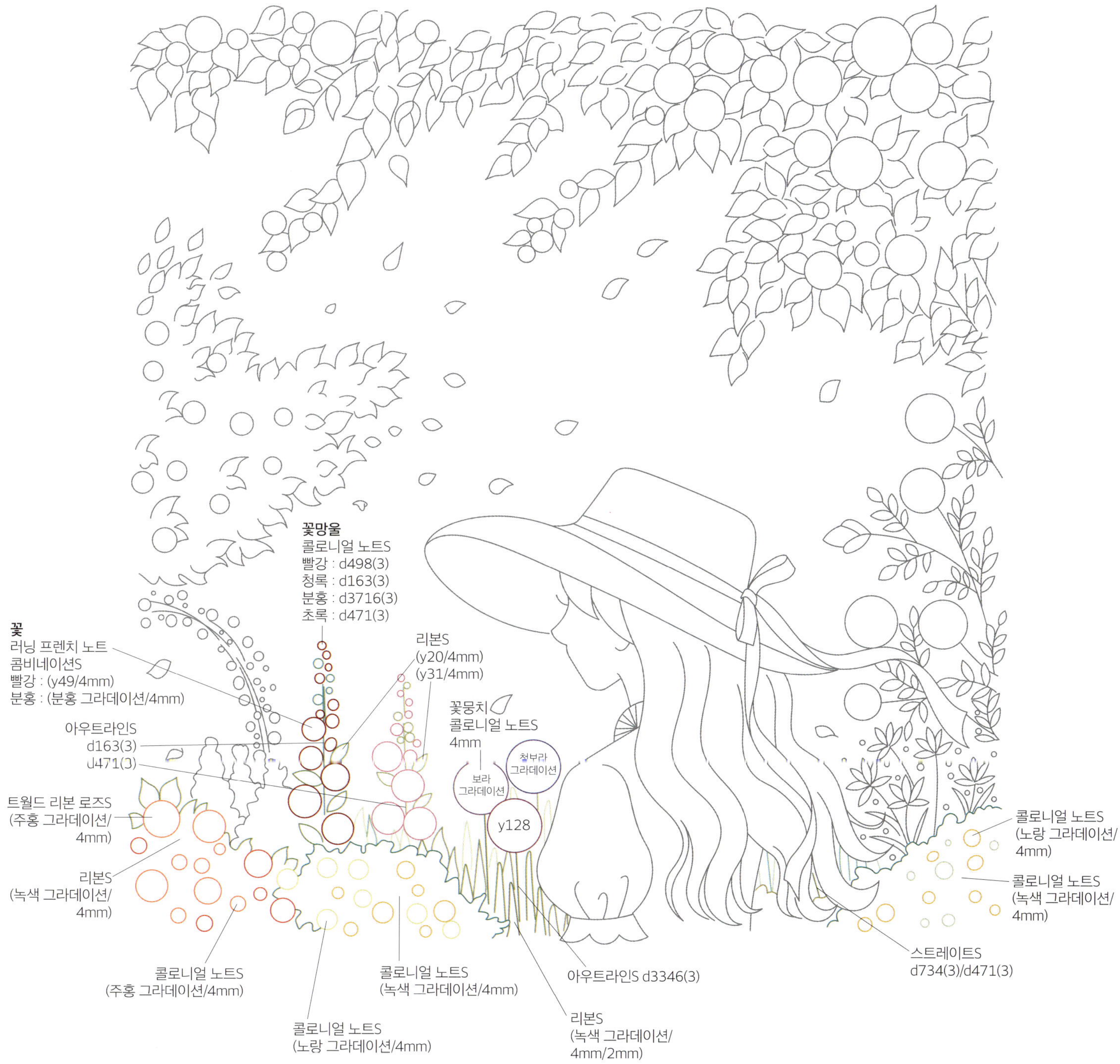
꽃망울
콜로니얼 노트S
빨강 : d498(3)
청록 : d163(3)
분홍 : d3716(3)
초록 : d471(3)
꽃
러닝 프렌치 노트
콤비네이션S
빨강 : (y49/4mm)
분홍 : (분홍 그라데이션/4mm)
리본S
(y20/4mm)
(y31/4mm)
꽃뭉치
콜로니얼 노트S
4mm
청보라
그라데이션
보라
그라데이션
y128
아우트라인S
d163(3)
d471(3)
트월드 리본 로즈S
(주홍 그라데이션/
4mm)
리본S
(녹색 그라데이션/
4mm)
콜로니얼 노트S
(주홍 그라데이션/4mm)
콜로니얼 노트S
(녹색 그라데이션/4mm)
콜로니얼 노트S
(노랑 그라데이션/4mm)
아우트라인S d3346(3)
리본S
(녹색 그라데이션/
4mm/2mm)
콜로니얼 노트S
(노랑 그라데이션/
4mm)
콜로니얼 노트S
(녹색 그라데이션/
4mm)
스트레이트S
d734(3)/d471(3)

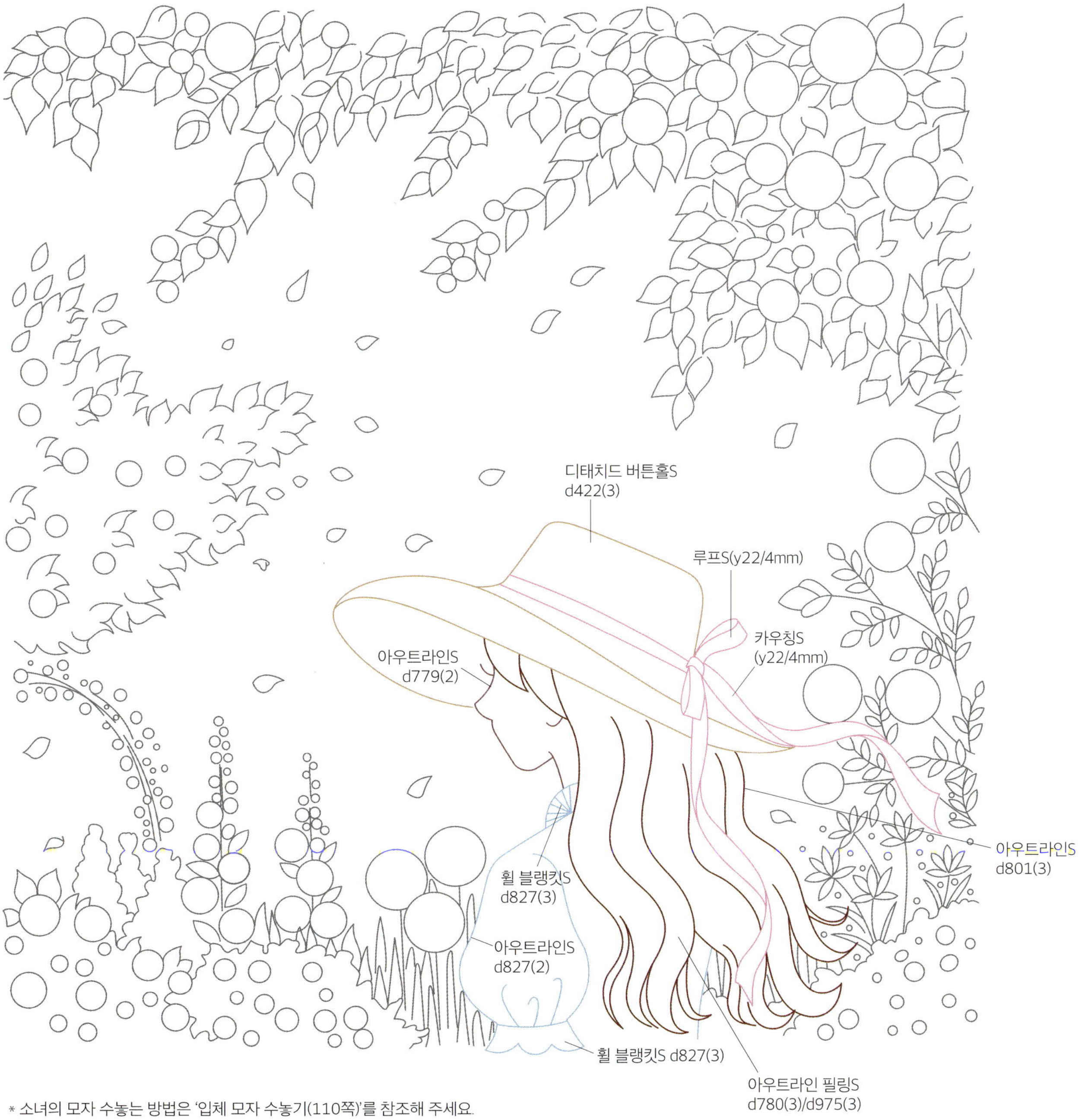

* 소녀의 모자 수놓는 방법은 '입체 모자 수놓기(110쪽)'를 참조해 주세요.
* 콧수를 늘릴 때는 뜨개질에서 콧수를 늘리듯 한 코에 두 땀을 넣어 늘려줍니다.

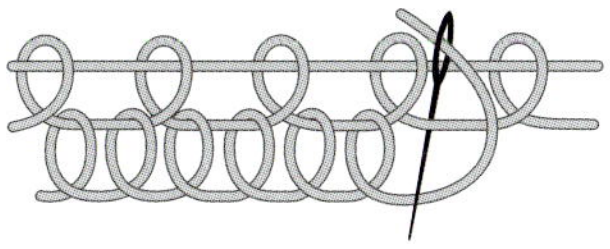

Work 15

챙 넓은 모자를 쓴 소녀

프랑스 자수로 챙이 아주 넓은 모자를 수놓아
장미꽃을 장식해주었어요.
장미꽃을 표현하기에 실크 리본만큼 어울리는 게 있을까요.
하늘하늘 날리는 여인의 스카프는
카우칭 스티치로 표현했어요.

• DESIGN •

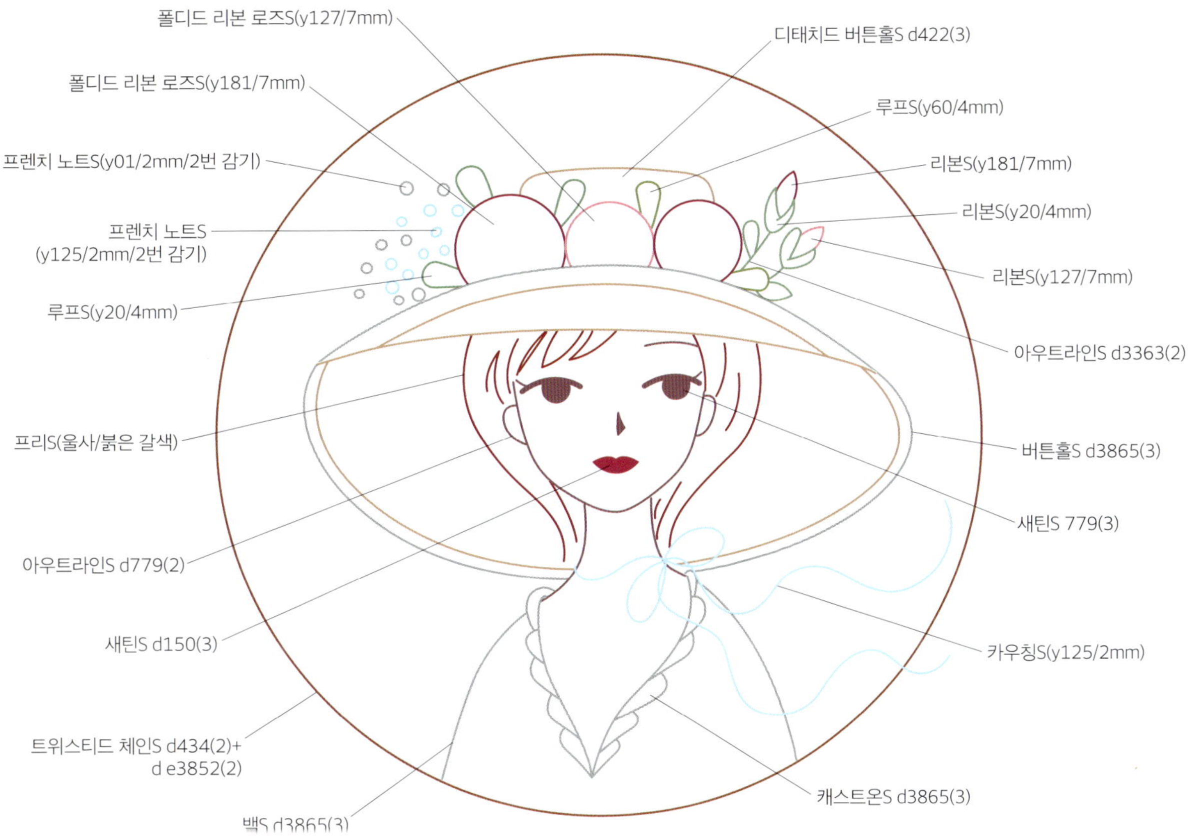

* 소녀의 모자 수놓는 방법은 '입체 모자 수놓기(110쪽)'를 참조해 주세요.
* 콧수를 늘릴 때는 뜨개질에서 콧수를 늘리듯 한 코에 두 땀을 넣어 늘려줍니다.

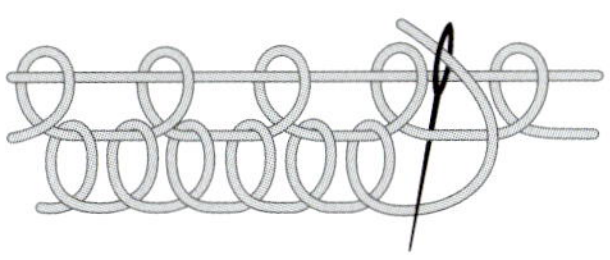

Work 16

부케를 든 소녀

눈처럼 하얀 드레스를 입고
보라색 부케를 든 소녀를 수놓았어요.
오늘은 나에게
아름다운 부케를 수놓아 선물해 보는 게 어떨까요?

• DESIGN •

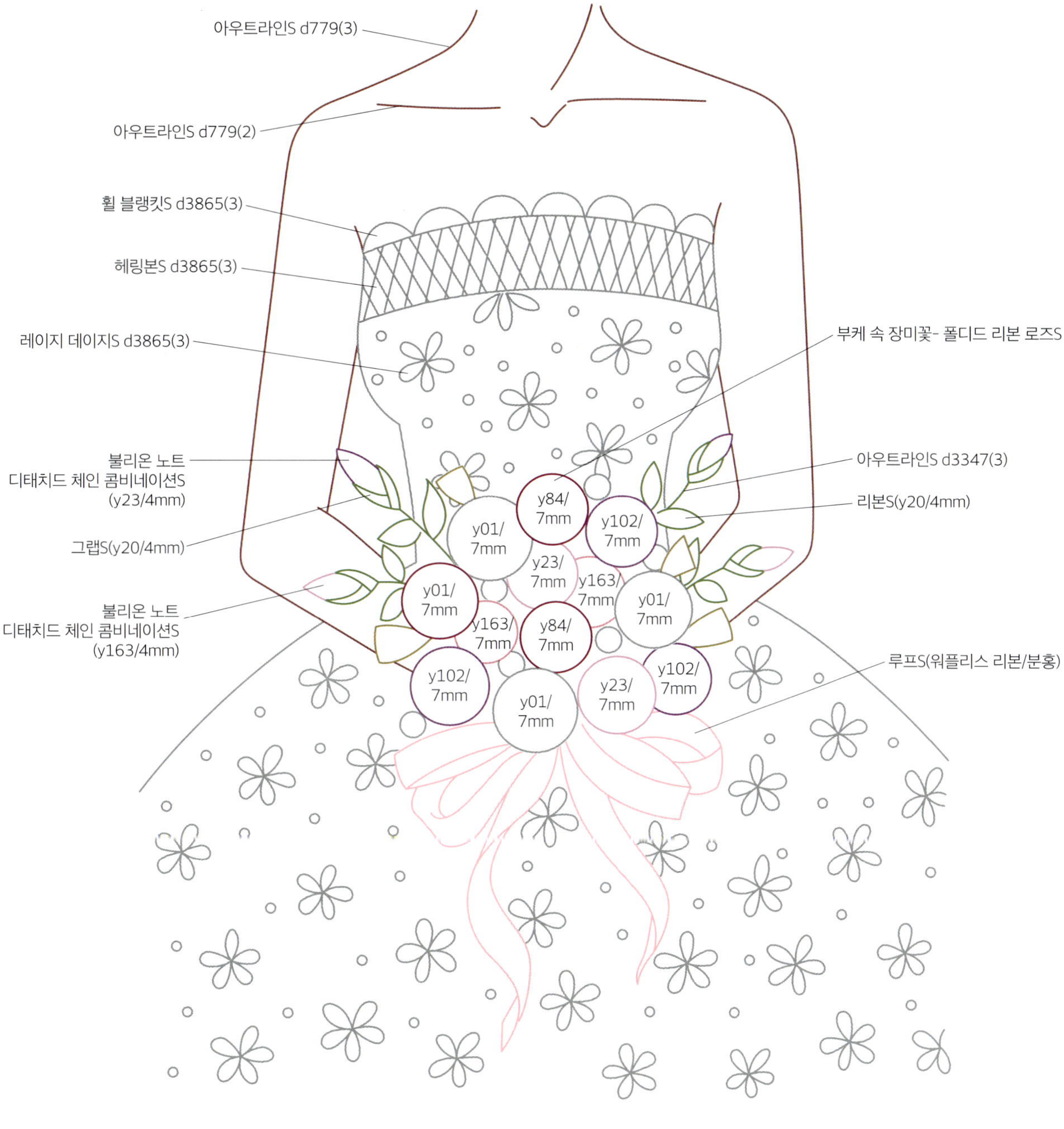

* 스티치를 수놓은 후 비즈로 장식합니다.

03

리본 자수
샘플러

My Ribbon Flower garden
JANUARY
CAMELLIA
FEBRUARY
DAFFODIL
MARCH
PANSY
APRIL
DANDELION
MAY
ROSE
JUNE
TULIP
JULY
HYDRANGEA
AUGUST
EARDROPS
SEPTEMBER
LILY
OCTOBER
MARIGOLD
NOVEMBER
GENTIAN
DECEMBER
POINSETTIA

Work 17

열두 달 나의 정원 이야기

이번 달엔 무슨 꽃을 심을까?
정원사가 화단에 꽃을 심는 것처럼
어떤 꽃을 수놓을지 두근두근 설레며 수를 놓았어요.
열두 달 내내 아름다운 꽃들이 가득 피어 있는
소녀의 정원으로 당신을 초대합니다.

My Ribbon Flower garden
JANUARY
CAMELLIA
FEBRUARY
DAFFODIL
MARCH
PANSY
APRIL
DANDELION
MAY
ROSE
JUNE
TULIP
JULY
HYDRANGEA
AUGUST
EARDROPS
SEPTEMBER
LILY
OCTOBER
MARI GOLD
NOVEMBER
GENTIAN
DECEMBER
POINSETTIA

Sampler
01

My Ribbon Flower Garden

알록달록 꽃밭을 닮은 색상들로
수를 놓아주세요.

• DESIGN •

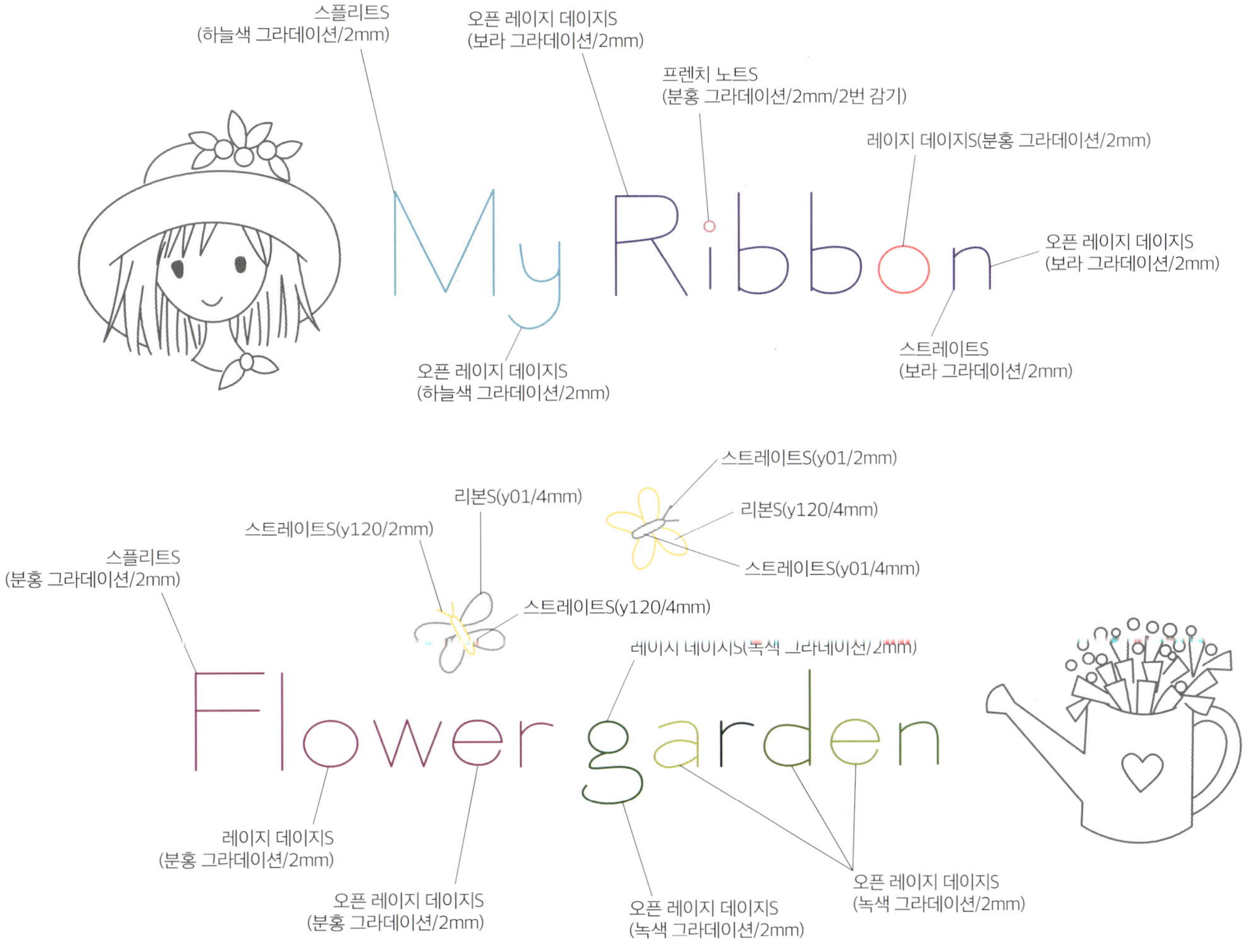

My Ribb
JANUARY
FEBRUARY

Sampler 02

소녀

정원을 가꾸려면 챙이 넓은 밀짚모자는 필수랍니다.

• DESIGN •

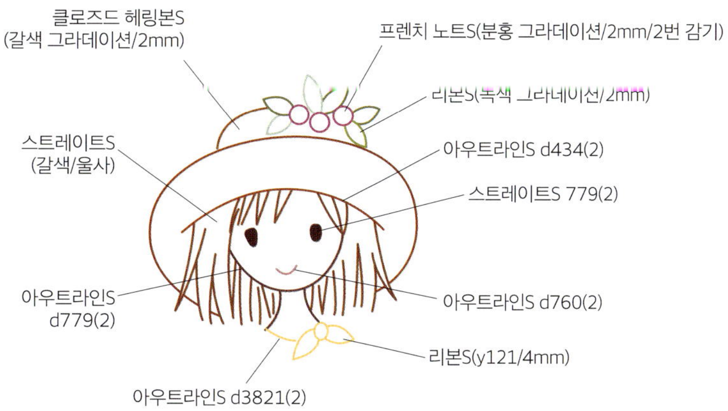

ower garden
APRIL
DANDELION

Sampler 03

물뿌리개

꽃들이 생기 있게 자라도록 물을 흠뻑 뿌려주세요.

• DESIGN •

My Ribbon Flower garden
JANUARY
CAMELLIA
FEBRUARY
DAFFODIL
MARCH
PANSY
APRIL
JULY

Sampler 04

1월 동백꽃

한겨울 눈보라 속에서도 붉게 피어오르는 동백꽃의 꽃말은
'그 누구보다도 당신을 사랑합니다.'

• DESIGN •

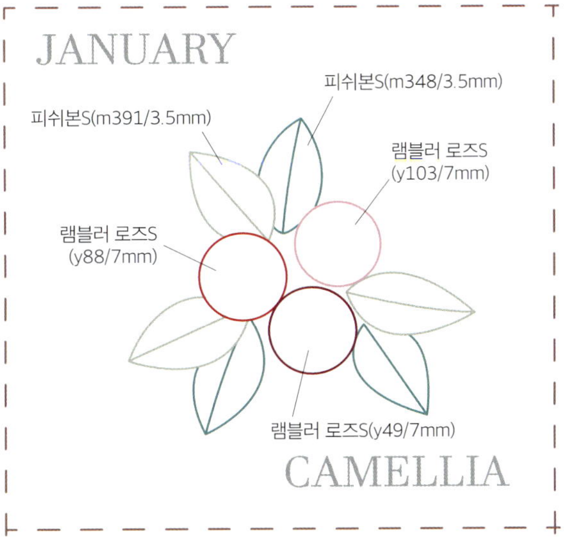

* 실크 리본으로 수를 놓은 후
노란색 비즈로 꽃술을 달아줍니다.

FEBRUARY
DAFFODIL

Sampler 05

2월 수선화

노란 황금빛 수선화를 보고 있으면 마음까지 환해집니다.

• DESIGN •

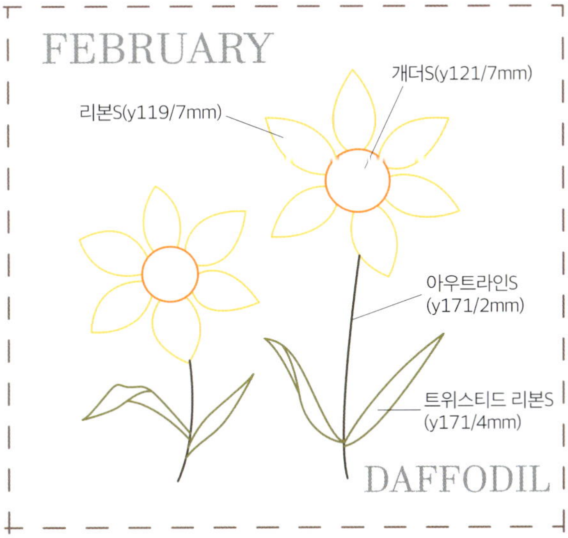

Sampler 06

3월 팬지

삼색 제비꽃이라고도 불리는 팬지꽃.
마치 숲속 요정들의 화관 같아요.

• DESIGN •

lower garden
APRIL
DANDELION
MARCH
PANSY
AUGUST

Sampler
07

4월 민들레

들판을 노랗게 물들이다가
하얀 홀씨가 되어 흩어지는 민들레는 정말 낭만적이에요.

• DESIGN •

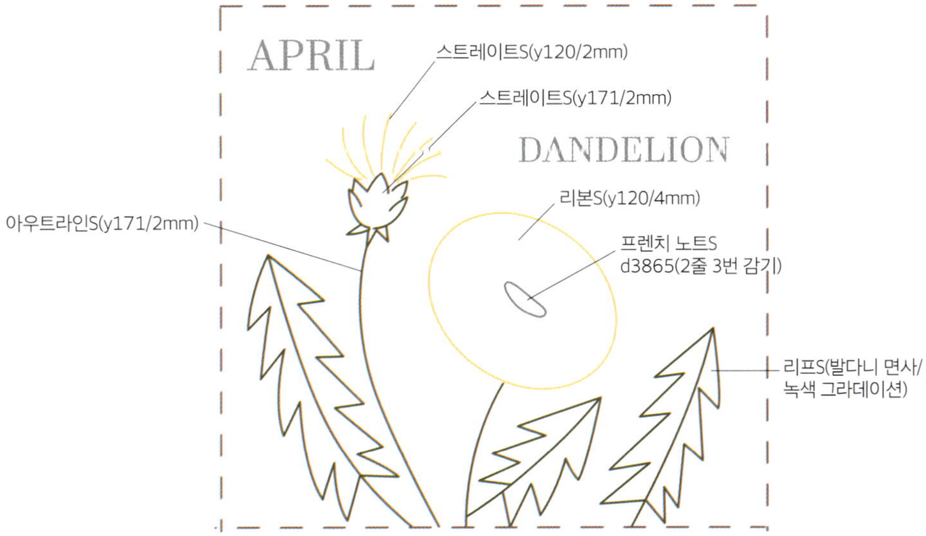

CAMELLIA
ROSE
SEPTEMBER

Sampler
08

5월 장미

5월의 꽃은 고민할 필요도 없이 장미꽃이 여왕이지요.

• DESIGN •

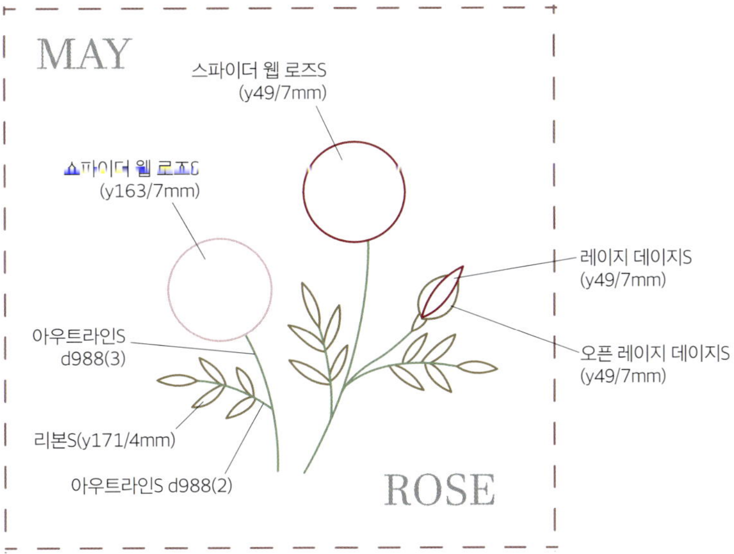

JUNE
DAFFODIL
ROSE
JULY
OCTOBER
TULIP

Sampler 09

6월 튤립

봉긋하고 귀여운 튤립 꽃 속에는
엄지공주가 살고 있을 것만 같아요.

• DESIGN •

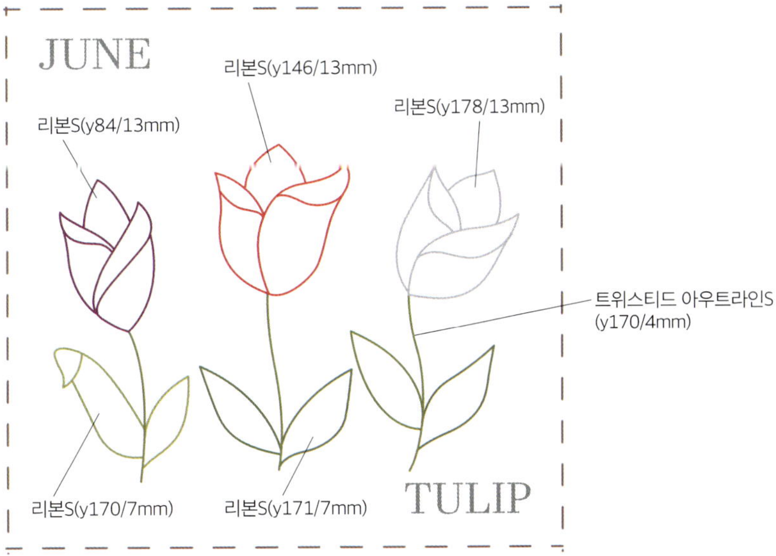

JULY
HYDRANGEA
TULIP
NOVEMBER
GENTIAN

Sampler
10

7월 수국

작고 사랑스러운 꽃들이 옹기종기 모여
동그랗게 피어났어요.

• DESIGN •

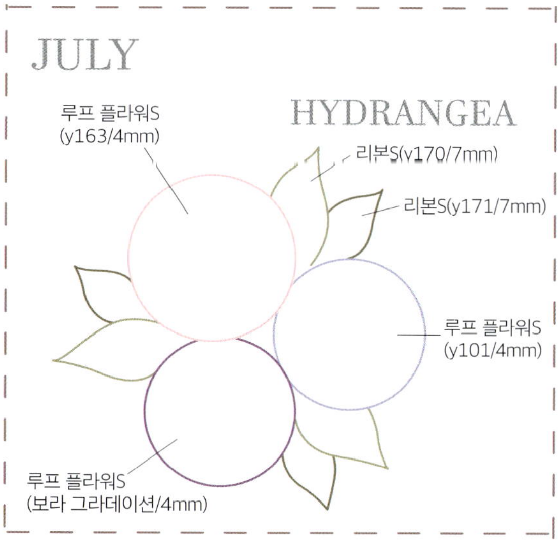

* **꽃술**
프렌치 노트S(2줄 2번 감기)
분홍 : d3832
보라 : d224

AUGUST
EARDROPS
DECEMBER
POINSETTIA

Sampler 11

8월 귀고리꽃

고개를 늘어뜨린 채 귀고리처럼 달랑거리는 꽃송이들이
정말 사랑스러워요.

• DESIGN •

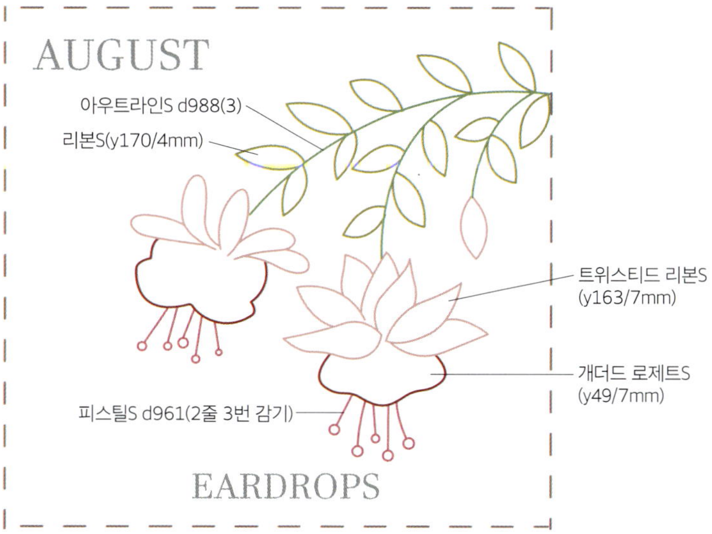

CAMELLIA
DAFFODIL
MAY
JUNE
ROSE
TULIP
SEPTEMBER
OCTOBER
MARI
GOLD
LILY

Sampler
12

9월 은방울꽃

은방울꽃이 피면 꽃밭 가득 은은한 방울 소리가 울려퍼질 것만 같아요.

* 은방울꽃은 Lily of the valley인데 샘플러 공간이 좁아서 lily로만 표기했습니다.

• DESIGN •

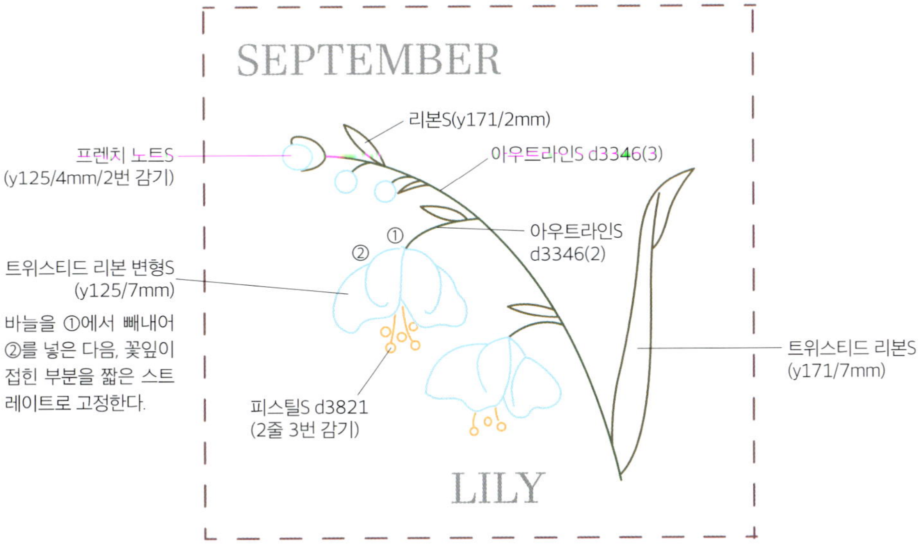

ROSE
OCTOBER
TULIP
MARI
GOLD

Sampler 13

10월 마리골드

마리골드의 꽃말은 '반드시 오고야 말 행복'입니다.
꼭 행복해지세요.

• DESIGN •

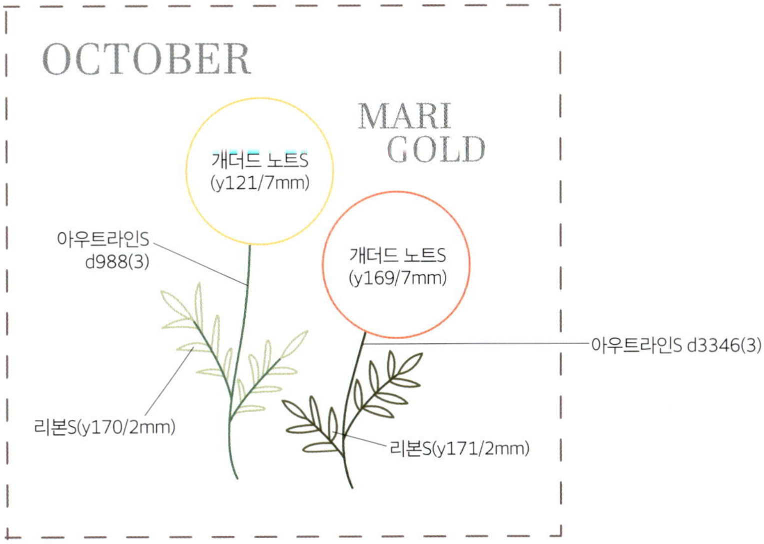

MARI
GOLD
NOVEMBER
GENTIAN

11월 용담꽃

'당신이 슬프고 절망적이어도 나는 당신을 사랑합니다.'라는
용감하고 멋진 꽃말을 가진 꽃

• DESIGN •

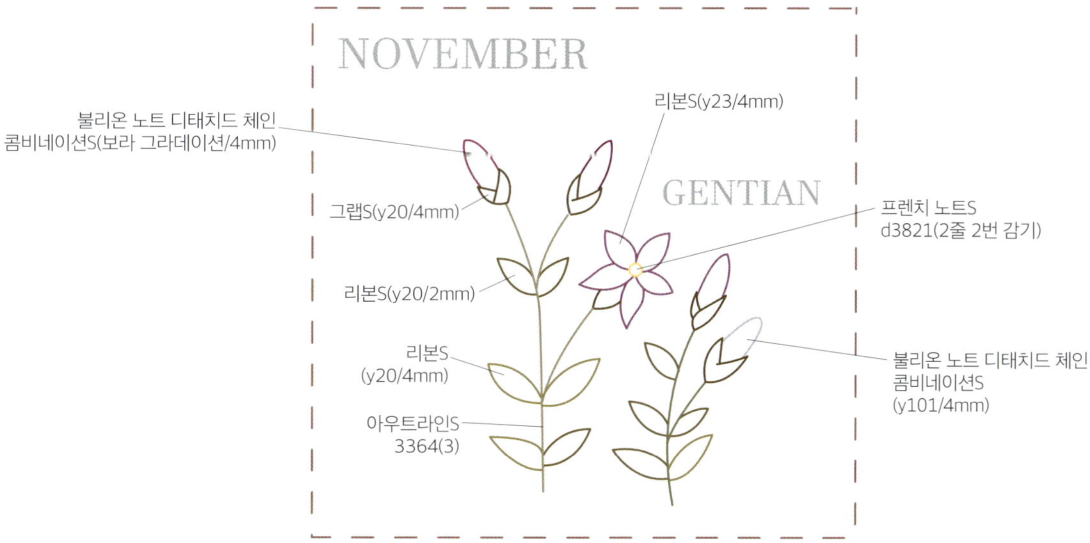

EARDROPS
DECEMBER
POINSETTIA
GENTIAN

Sampler 15

12월 포인세티아

12월의 꽃은 당연히 크리스마스의 꽃,
포인세티아지요.

• DESIGN •

* 실크 리본으로 수를 놓은 후 비즈와 금색 리본, 장식용 종을 달아 장식합니다.

실사이즈
도안 모음

제비꽃 가위 장식(44쪽)

몽글몽글 장미 액자(54쪽)

장미꽃 브로치(58쪽)

작고 사랑스러운 봄꽃들(50쪽)

봄의 선물 벚꽃 액자(64쪽)

탐스러운 꽃들이 담긴 화병(68쪽)

꽃과 열매 리스(72쪽)

화관을 쓴 꽃의 요정(80쪽)

해바라기와 잠자리, 그리고 소녀(84쪽)

수국 꽃다발을 든 소녀(92쪽)

꽃 모자를 쓴 빨강머리 앤(96쪽)

머리를 땋은 소녀(100쪽)

부케를 든 소녀(126쪽)

My Ribbon

JANUARY

CAMELLIA

FEBRUARY

DAFFODIL

MAY

ROSE

JUNE

TULIP

열두 달 나의 정원 이야기(132쪽)

보라색 모자를 쓴 소녀(106쪽)

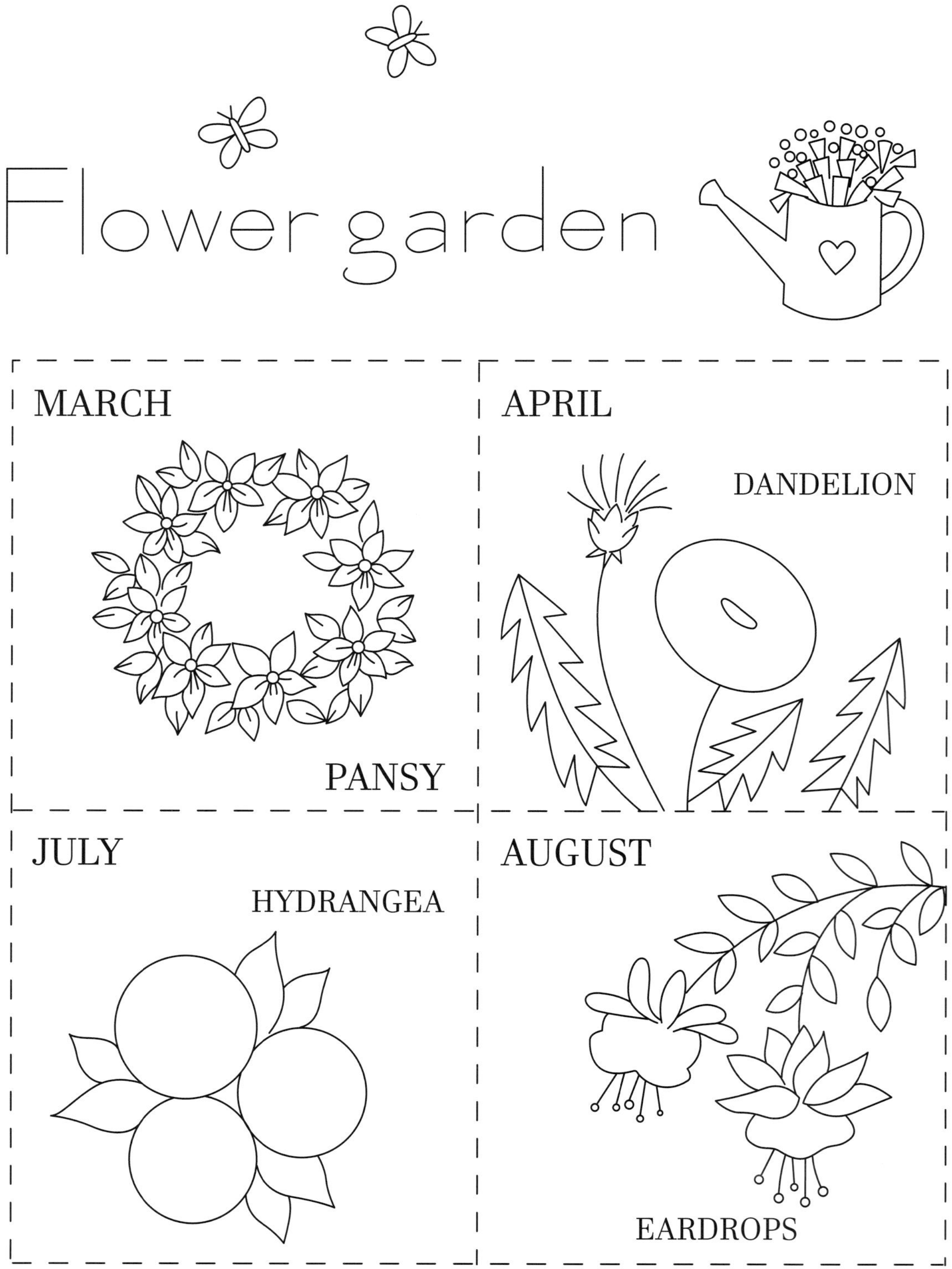
Flower garden
MARCH
PANSY
APRIL
DANDELION
JULY
HYDRANGEA
AUGUST
EARDROPS

열두 달 나의 정원 이야기(132쪽)

챙 넓은 모자를 쓴 소녀(122쪽)

소녀의 정원에서(114쪽)